IMAGES DU MONDE BIBLIQUE

BP 15
95311 Cergy-Pontoise cédex

Les Éditions du Cerf
29 boulevard Latour-Maubourg
75340 Paris cédex 07

Édition originale publiée en anglais
par **Lion Publishing**, Tring, Angleterre,
sous le titre *Picture Archive of the Bible*

ISBN (SATOR) 2-7350-0177-6
ISBN (CERF) 2-204-02729-4

Imprimé à Hong-Kong
Dépôt légal, octobre 1987

Graphisme
Nigel Poulton

Documentation iconographique
Caroline Masom

Légendes et introductions
Pat Alexander

Notes archéologiques
Alan Millard

Index
Ruth Connell

Photographies
J.-C. Allen 4.8, 4.17, 5.2 ; Ashmolean Museum 1.18, 5.45, 8.19 ; Austrian Archeological Institute/M. Bietak 2.5, 2.18 ; Britain/Israël Public Affairs Committee 9.18, 9.19, 10.22 ; British Museum, avec l'aimagle permission : 1.12, 2.10, 2.21, 2.26, 3.10, 3.18, 3.39, 4.14, 4.15, 5.16, 5.20, 5.21, 5.24, 5.26, 5.42, 6.2, 6.3, 7.1, 7.3, 7.15, 10.8, 12.26, 12.28 ; Bodleian Library, Oxford 7.18 Ms Pell Aram bag (recto), 7.19 Ms Pell Aram IV int. ; Musée du Caire 3.32 ; Maurice Chuzeville/Musée du Louvre 2.25, 5.14 ; Peter Clayton 2.7, 2.16 ; C.-M. Dixon/Photoresources 3.13 ; Alistair Duncan/Middle East Archive 1.1, 1.26, 3.26, 12.3 ; E T Archive 10.10/Dagli Orti 3.12, 5.12 ; Georg Gerster/John Hillelson Agency 1.3, 1.7, 5.18, 6.1 ; Musée Maritime d'Haïfa 12.35 ; Sonia Halliday Photographs/F.H.C. Birch 8.5, 10.4, 12.14, 12.20, 12.37, 12.43/Sonia Halliday 1.21, 2.2, 2.3, 2.17, 2.22, 3.3, 3.6, 3.9, 3.16, 3.21, 3.23, 3.24, 3.25, 3.29, 3.30, 3.31, 3.34, 4.1, 4.5, 4.6, 4.20, 4.21, 5.3, 5.8, 5.30, 5.31, 5.33, 8.17, 8.18, 9.4, 9.12, 9.13, 10.3, 10.7, 10.9, 10.11, 10.16, 11.1, 11.3, 11.4, 11.7, 11.9, 11.11, 11.12, 11.13, 11.14, 12.9, 12.11, 12.16, 12.21, 12.24. 12.33, 12.41, 12.45/Anne Holt 1.5/Laura Lushington 2.4, 11.18/T. Rising 7.10, 7.11/Barrie Searle 2.20, 9.1, 9.2, 11.10/Jane Taylor 1.19, 1.20, 3.1, 3.2, 3.27, 3.28, 3.33, 5.4, 5.5, 5.10, 5.13, 8.12, 8.14, 8.15, 8.16, 10.15, 10.17, 10.18, 10.19, 10.23, 10.25, 12.1, 12.2, 12.22, 12.40, 12.42 ; Robert Harding Associates 2.23, 2.29, 5.15, 7.2, 7.4, 7.6, 7.7, 7.8, 7.9, 7.12, 8.4, 8.10, 10.12, 10.24/Rainbird 2.13, 2.14 ; Michael Holford 1.11, 2.6, 2.8, 2.9, 2.11, 2.12, 2.15, 5.11, 5.17, 5.22, 5.23, 5.25, 5.36, 5.37, 6.8, 7.14, 8.2, 8.3, 8.6, 8.7, 8.8, 8.9, 8.11, 10.1, 10.13, 10.14, 12.25, 12.27 ; Illustrated London News Picture Library 1.8 ; Musée Israélien, Jérusalem 2.30, 3.8, 3.11, 3.15, 3.17, 4.16, 5.6, 5.7, 5.38, 9.14 ; Jericho Exploration Fund 3.7 ; Dr K.A. Kitchen 3.32 (détail) ; Lepsius Denkmaler III 1.15/16, 1.25 ; Erich Lessing/John Hillelson Agency 11.17 ; Lion Publishing/David Alexander 1.2, 1.9, 1.10, 1.13, 1.14, 1.22, 1.27, 2.19, 2.27, 3.5, 3.14, 3.22, 3.37, 4.2, 4.3, 4.4, 4.7, 4.10, 4.11, 4.12, 4.18, 4.19, 5.1, 5.27, 5.29, 5.32, 5.34, 5.39, 5.40, 5.41, 5.43, 6.9, 6.10, 7.5, 7.16, 7.17, 9.8, 9.10, 9.11, 9.15, 9.16, 10.5, 10.6, 11.6, 11.8, 11.15, 11.16, 11.19, 12.4, 12.5, 12.6, 12.7, 12.8, 12.10, 12.12, 12.13, 12.15, 12.17, 12.18, 12.19, 12.23, 12.30, 12.31, 12.32, 12.36, 12.38, 12.39, 12.44 ; Alan Millard 1.4, 2.24, 3.20, 4.22, 9.6, 9.7 ; Nigel Press Associates 2.1 ; John Rylands Library, University of Manchester 12.46 ; Staatliche Museen zu Berlin 6.6 ; Werner Forman Archive 12.29 ; ZEFA (UK) Ltd 1.23, 1.24, 3.4, 4.9, 5.19, 5.44, 6.5, 7.13, 8.1, 8.13, 9.3, 10.2, 10.20, 10.21, 11.2, 11.5, 12.34.

IMAGES DU MONDE BIBLIQUE

Caroline Masom et Pat Alexander
Notes Archéologiques d'Alan Millard

SATOR — CERF

SOMMAIRE

INTRODUCTION

Images du Monde Biblique rassemble dans ses pages à la fois une collection unique de photographies des principaux sites bibliques, une vaste sélection d'objets anciens et une présentation des découvertes archéologiques importantes qui ont un rapport direct avec notre compréhension de la Bible.

L'ordre suivi est essentiellement chronologique ; l'ensemble du livre couvre 2 000 années d'histoire biblique qui se trouvent réparties en 12 chapitres présentant chacun toute une série de documents variés. Les légendes fournissent les renseignements essentiels ; lorsqu'elles sont accompagnées d'un astérisque, elles sont complétées en fin de livre par des notes archéologiques qui portent le même numéro que la légende. Les documents figurant dans ce livre sont d'origines très diverses. Nous avons voulu réunir les meilleurs documents possibles et pour ce faire, nous avons pillé les meilleurs musées et les meilleurs photographes.

On trouvera au fil des pages des objets provenant des tombes « royales » de Ur ou de celle de Toutankhamon, des trésors venus de l'Oxus, des ruines de palais assyriens et babyloniens et des merveilles artistiques et architecturales de la Grèce et de Rome. Les inscriptions qui semblent peut-être, au premier abord, manquer d'intérêt comptent pourtant parmi les plus importantes découvertes qui aient été faites sur les temps bibliques. Les photos de sites de l'ancien Israël / Palestine voisinent avec celles de sites répartis dans les principaux pays cités dans la Bible : Égypte, Iran, Iraq, Syrie, Jordanie, Turquie, Grèce et Italie.

Dans la mesure du possible, nous avons regroupé toutes les photos d'un même site. Mais les exigences de la chronologie nous ont conduits, dans quelques cas, à faire figurer un site dans différents chapitres. L'index permettra de retrouver facilement toutes les informations concernant un site particulier.

Nous avons travaillé avec passion à l'élaboration d'Images du Monde Biblique. Nous espérons que ce livre ne sera pas seulement une fête pour les yeux mais qu'il sera aussi, pour beaucoup une lumière nouvelle jetée sur la Bible.

Caroline Masom
Pat Alexander
Alan Millard

Thessalonique
Philippes
MACÉDOINE
Istamboul
Troas
Assos
Mer Égée
TURQUIE
Pergame
ANATOLIE
ASIE MINEURE
Corinthe
Athènes
Smyrne (Izmir)
Sardes
Antioche de Pisidie
Mer Adriatique
GRÈCE
Éphèse
Hiérapolis
Iconium
Lystres
Colosses
Milet
Halicarnasse
Laodicée
Derbé
Perge
Tarse
Attalie (Antalya)
Xantos
CILICIE
CRÈTE
Salamine
Paphos
CHYPRE
Mer Méditerranée
Megiddo
Jéricho
Jérusalem
Samarie
Lakish
CANAAN
Alexandrie
Pi-Ramsès
NÉGEB
GOSHEN
Pétra
Le Caire
ÉGYPTE
SINAÏ
MADIAN
Djebel Mousa
Beni-Hasan
El-Amarna
Nil
Abydos
Mer Rouge
Thèbes
Karnak
Louxor
Assouan
LE PROCHE-ORIENT ANCIEN

Mer Noire
Mt Ararat
Mer Caspienne
Harân
MÉSOPOTAMIE
Ninive
Nimrud (Kalah)
ASSYRIE
Nuzi
IRAQ
Tigre
lmyre (Tadmor)
Mari
Euphrate
Behistûn
PERSE/IRAN
Babylone
Kish
Suse
BABYLONIE
SUMER
ÉLAM
Ur
Pasargades
Persépolis
ARABIE
Golfe Persique

1 Akko
2 Aï
3 Arad
4 Ashdod
5 Ashqelôn
6 Beér-Shèba
7 Béthanie
8 Béthel
9 Bethléem
10 Bet-Shân
11 Césarée
12 Césarée de Philippe
13 Cana
14 Capharnaüm
15 Damas
16 Dan
17 Dibôn
18 Engaddi
19 Gadara
20 Gat
21 Gaza
22 Gerasa (Jérash)
23 Gézer
24 Gabaôn
25 Haçor
26 Hébron
27 Hérodium
28 Jéricho
29 Jérusalem
30 Joppé
31 Lakish
32 Machéronte
33 Masada
34 Megiddo
35 Nazareth
36 Pella
37 Qumrân
38 Samarie (Sébaste)
39 Sichem
40 Silo
41 Sidon
42 Sodome et Gomorrhe
43 Tyr

Chapitre 1

LES DÉBUTS

Du commencement à Abraham et aux patriarches

Les documents figurant dans ce chapitre couvrent une période qui s'étend approximativement de 2500 à 1800 av. J.-C. et qui forme le contexte historique du 1er livre de la Bible : la Genèse. La Genèse commence avec le récit de la création par Dieu, de l'univers et de la race humaine. Ce dernier événement eut pour cadre le Proche-Orient, berceau de la civilisation, et plus précisément le bassin du Tigre et de l'Euphrate dans l'Ancienne Mésopotamie (l'Iraq actuel).

Ce monde parfaitement bon fut bien vite souillé par la désobéissance et la révolte de l'homme. Le déluge apparaît comme un jugement de Dieu et l'occasion d'un nouveau commencement.

Dans certains textes qui nous sont parvenus du monde antique, et particulièrement de la Mésopotamie, se trouvent des récits de la création et du déluge qui sont parallèles à ceux de la Genèse. Les similitudes et les différences que présentent ces récits sont d'ailleurs significatives.

L'histoire de Noé se termine dans les montagnes de l'Ararat et au chapitre 11 du livre de la Genèse, le décor change et le centre d'intérêt se reporte à nouveau vers le Sud, en Babylonie avec la grande tour de Babel (Babylone). Plus tard, à l'appel de Dieu, une famille quitte la ville de Ur dans le Sud de la Babylonie (l'actuel Iraq) ; cette famille est celle d'Abraham qui allait devenir le fondateur d'une grande nation. Les fouilles entreprises à Ur ont révélé l'existence d'une civilisation raffinée où s'épanouissait le talent de nombreux artistes et artisans. Le contraste entre la vie qu'Abraham menait à Ur et la vie qu'il mena par la suite fut énorme. Il passait d'une vie citadine à une existence semi-nomade soumise à la nécessité constante de trouver de nouveaux pâturages pour les troupeaux. Obéissant à l'appel de Dieu, Abraham partit d'abord pour Harân, puis, traversant montagnes et déserts, il descendit vers Canaan (l'actuel Israël), le pays que Dieu avait promis de lui donner, à lui et à ses descendants. C'est là que s'achève ce premier chapitre avec les photos de Béer-Shèba, d'Hébron, et du rocher du sacrifice où la foi d'Abraham et son obéissance à Dieu triomphèrent d'une ultime et terrible épreuve.

1.1
Les premiers chapitres du premier livre de la Bible — la Genèse — racontent l'histoire de la création du monde, de la désobéissance de l'homme et du jugement de Dieu qui se manifeste par le déluge — lequel fut suivi d'un nouveau commencement. Tous ces événements eurent pour cadre la région qui fut le berceau de la civilisation : le bassin du Tigre et de l'Euphrate.

1.2*
Il est remarquable de constater que l'on trouve des parallèles au récit biblique non seulement dans les légendes du Proche-Orient, mais dans celles de bien d'autres pays du monde. Le récit de la Genèse présente de nombreux points communs avec d'autres récits du Proche-Orient. Il s'en distingue néanmoins par d'importantes différences. Cette tablette d'argile datant du VIIe ou VIe siècle av. J.-C. raconte, en langue sumérienne et babylonienne comment un dieu et une déesse créèrent le monde.

1.3
Dans le sud de l'Iraq, des Arabes de la région des marais vivent encore à peu près comme il y a des millénaires. Leurs maisons faites de roseaux sont construites sur des îles basses entourées d'eau où abondent les poissons et les oiseaux sauvages. Les risques d'inondation sont permanents.

1.4
Les Babyloniens connaissaient une histoire du déluge qu'ils copièrent sur des tablettes d'argile. Cette tablette fut écrite par un apprenti-scribe vers 1635 av. J.-C.

1.5
Bétail paissant au pied du mont Ararat enneigé à la frontière Est de la Turquie. La Bible dit (Gn 8) que ce fut au milieu de ces montagnes que Noé, sa famille et toutes les créatures qui étaient avec lui sortirent de l'arche lorsque les eaux se furent retirées après le grand déluge.

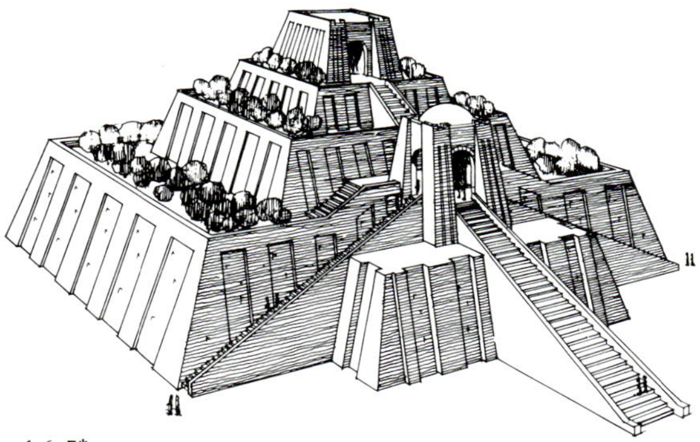

1.6, 7*
La Tour de Babel (Gn 11) fut peut-être construite sur le modèle du temple de Ur dont on peut voir ci-dessus une reconstitution. Cette énorme construction en terrasses, d'environ 60 m de long, 45 m de large et 21 m de haut était faite en briques.

La photographie aérienne (à gauche) montre l'escalier central qui conduisait au temple situé au sommet de l'édifice et qui était consacré à la déesse-lune Nannar.

1.9
Cette coiffure dorée provenant des tombes royales appartint autrefois à une dame d'honneur d'une reine de Ur.

1.10
Les Sumériens aisés qui habitaient Ur ne passaient pas toute leur vie à travailler ; témoin, cette très belle table de jeu incrustée, avec ses fiches.

1.8*
Térah et son fils Abraham étaient originaires de la ville de Ur dans le Sud de la Mésopotamie (Gn 11). En 1926, l'archéologue Sir Leonard Woolley qui faisait des fouilles sur ce site, y découvrit un cimetière de plusieurs centaines de tombes individuelles. Seize grandes tombes collectives (visibles sur cette reconstitution) s'y trouvaient également où reposaient, vêtus de leurs vêtements d'apparat, des gardes, des musiciens et des courtisans qui s'étaient empoisonnés avant d'être enterrés aux côtés de leur maître ou de leur maîtresse.

Les trésors présentés ici proviennent tous de ces tombes « royales » où ils furent placés il y a environ 2 500 ans, soit plusieurs siècles avant la naissance d'Abraham.

1.11*
Cette tête de taureau en or servit un jour à décorer une lyre. Dès avant l'époque d'Abraham, les arts étaient florissants dans la grande ville de Ur.

1.12
Reconstitution d'une seconde lyre plus petite provenant également de Ur.

1.13
Cette dague d'apparat en or et son fourreau témoignent de la merveilleuse habileté des orfèvres d'autrefois.

1.14*
Cette mosaïque faite de coquillages, de fragments de calcaire rouge et de lapis-lazuli bleu provient des tombes royales : elle représente d'un côté des scènes de guerre et de l'autre (ci-dessous) des scènes de fêtes données à l'occasion de la victoire et au cours desquelles était exposé le butin.

1.15, 16*
Comment s'habillaient Abraham et les siens ? Cette fresque (haute en couleurs) qui décorait la tombe de Khnumhotep à Beni Hasan en Égypte et qui date de 1900 environ av. J.-C., représente un groupe d'Asiatiques qui vivaient à peu près à l'époque d'Abraham.

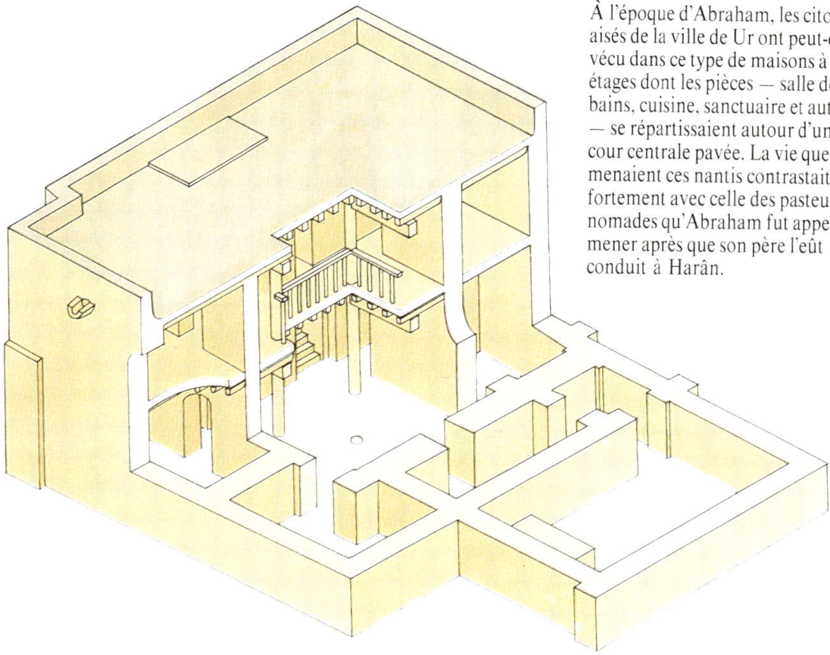

1.17*
À l'époque d'Abraham, les citoyens aisés de la ville de Ur ont peut-être vécu dans ce type de maisons à deux étages dont les pièces — salle de bains, cuisine, sanctuaire et autres — se répartissaient autour d'une cour centrale pavée. La vie que menaient ces nantis contrastait fortement avec celle des pasteurs nomades qu'Abraham fut appelé à mener après que son père l'eût conduit à Harân.

1.18
À ces époques lointaines, la plupart des voyages par voie de terre se faisaient à pied ou à dos de chameau ou d'âne. Mais il existait également des chariots couverts faits en bois dont il ne reste plus aucune trace. Ce chariot miniature, fait en poterie, a été trouvé à Hamâ en Syrie ; il date de 2200 environ av. J.-C. et permet de savoir à quoi ressemblaient ces chariots que les patriarches ont peut-être utilisés.

1.19
Térah, le père d'Abraham, se mit en route avec sa famille pour le pays de Canaan. Il s'arrêta à Harân et y mourut. C'est là qu'Abraham reçut l'appel de Dieu : « Quitte ton pays, ta parenté et la maison de ton père et va dans le pays que je te montrerai. Je ferai naître de toi une grande nation ». À l'heure actuelle, dans le Sud de la Turquie, des villageois vivent près d'Harân, dans ces maisons traditionnelles en forme de ruches.

1.20*
Sur le chemin de Canaan le campement d'Abraham et de sa famille fut sans doute semblable à celui de ces modernes bédouins nomades. Photo prise d'avion.

1.21*
Comme tous ces nomades, Abraham vivait de ses troupeaux de moutons et de chèvres, se déplaçant souvent pour trouver de nouveaux pâturages.

1.22*
Lorsqu'Abraham arriva au pays de Canaan, il trouva celui-ci déjà peuplé. Il se dirigea vers Beér-Shèba qui est située au Sud, à la frontière du désert du Négeb car il y avait là de l'eau.

1.23, 24*
Abraham et son neveu Lot se séparèrent lorsque l'eau de la région devint insuffisante pour abreuver leurs deux troupeaux qui s'étaient considérablement agrandis (Gn 13). Lot se laissa tenter par la verdoyante vallée du Jourdain ; mais la ville de Sodome près de laquelle il choisit de s'établir était une ville remplie de crimes et mûre pour le jugement. Lorsque ce jugement frappa Sodome sous forme d'un cataclysme, Dieu permit à la famille de Lot d'y échapper (Gn 19). Seule la femme de Lot qui s'était attardée mourut sous une pluie de soufre enflammé. On a donné son nom à cette colonne de sel qui se trouve au Sud de la mer Morte dont les eaux peu profondes recouvrent maintenant les villes détruites.

1.25*
L'époque des patriarches fut loin d'être une époque pastorale paisible et idyllique. Les rois des petits états-cités se faisaient souvent la guerre. Abraham dut même, une fois, aller au secours de Lot qui avait été fait prisonnier lors d'un raid effectué sur le territoire de Sidon et des alentours par 5 rois coalisés.

Dans une tombe située à Beni Hasan en Égypte et datant de 1950 environ av. J.-C. une peinture représente des Sémites de l'époque des patriarches : ils sont armés de haches, de lances et de massues.

1.27*
Ces maisons se trouvent à Hébron où Abraham s'installa peu après son arrivée en Canaan. C'est là que Sara mourut et qu'Abraham acheta un terrain pour en faire une sépulture familiale. Ce fut là la seule partie de pays qu'Abraham posséda jamais en Canaan. « Par la foi, il vécut comme s'il était un étranger dans le pays que Dieu lui avait promis. Il habita sous des tentes avec Isaac et Jacob qui avaient reçu la même promesse de Dieu » (He 11).

1.26*
Dieu avait promis à Abraham et à Sara qu'ils auraient un fils. Après de longues années d'attente, cette promesse se réalisa. Ils purent enfin se réjouir de la « grande nation » qui, selon la promesse divine, allait naître de la descendance d'Abraham. Mais vint la mise à l'épreuve (Gn 22) : Dieu ordonna à Abraham d'aller dans les montagnes de Moriyya lui offrir son fils Isaac en sacrifice. La foi d'Abraham ne chancela pas. Il obéit à Dieu et Isaac fut épargné. La tradition veut que ce rocher ait été le lieu du sacrifice. C'est à cet endroit que fut plus tard édifié le temple et que se dresse maintenant le « Dôme du Rocher » dans la ville de Jérusalem.

ESCLAVAGE ET LIBERTÉ

L'Égypte et l'Exode

La sécheresse et la famine faisaient autrefois trop souvent partie des réalités quotidiennes des pays du Proche-Orient. Mais alors que des populations entières mouraient de faim, l'Égypte parvenait à survivre grâce au Nil. La famine avait un jour conduit Abraham en Égypte mais il n'y était resté que peu de temps. La famine dont la famille de son petit-fils Jacob eut à son tour à souffrir eut des conséquences beaucoup plus graves.

Notre chapitre 2 s'ouvre au moment où le cadre des événements bibliques s'est déplacé vers l'Égypte. Nous sommes en 1700 av. J.-C. Joseph, l'avant-dernier fils de Jacob a été vendu comme esclave par ses frères devenus jaloux de lui, et emmené en Égypte. Son histoire est rapportée aux chapitres 37 à 50 de la Genèse. Alors qu'il occupe une place importante dans la maison d'un officier du Pharaon, il est faussement accusé et jeté en prison. Le don qu'il a reçu de Dieu d'interpréter les rêves — don hautement apprécié des Égyptiens — lui vaut finalement la liberté et la faveur du Pharaon. Joseph ayant annoncé 7 années d'abondance suivies de 7 années de disette, c'est lui que l'on charge d'organiser le stockage des grains. Les anciens Égyptiens avaient élaboré tout un système philosophique sur « l'après-vie ». Ceux qui passaient avec succès l'épreuve du jugement pouvaient s'attendre à jouir d'une vie agréable dans l'autre monde ; on s'assurait donc, au moment des funérailles que le mort ait bien, avec lui, tous les objets dont il était susceptible d'avoir besoin. Les tombes des riches étaient souvent ornées de scènes de la vie quotidienne. Ces peintures qui restèrent dans l'obscurité pendant 3 000 ans ont gardé toute leur fraîcheur et leurs couleurs. Ce sont ces objets retrouvés dans les tombes et ces peintures funéraires qui ont permis de savoir comment vivaient et s'habillaient les contemporains de Joseph et de ses descendants.

La famille de Joseph se rendit en Égypte pendant la grande famine que Joseph avait lui-même annoncée. Ils s'installèrent dans la région de Goshen dans le delta du Nil et y restèrent. Joseph mourut, ses descendants se multiplièrent et un nouveau roi monta sur le trône d'Égypte. C'est à ce moment que commence le second livre de la Bible : l'Exode. Redoutant la puissance de cette tribu étrangère établie près de ses frontières, le Pharaon la réduisit en esclavage : il fit travailler les Israélites dans les briqueteries qui fournissaient le matériau nécessaire à ses nouvelles constructions. C'est dans un tel contexte que naquit Moïse, vers 1300 av. J.-C. Le jeune Pharaon Toutankhamon était mort vers 1350 av. J.-C. et il y avait déjà mille ans que les pyramides étaient construites.

Le Pharaon Ramsès II fit bâtir de nouvelles villes et de nouveaux temples : c'est en partie pour cette raison que l'on pense qu'il fut probablement le Pharaon de l'Exode — ce départ libérateur d'Israël du pays d'Égypte sous la conduite de Moïse.

Ce chapitre 2 se termine au moment où le peuple d'Israël s'enfonce dans le désert du Sinaï. Ce voyage fut pour lui l'occasion d'une expérience formatrice qui le rendit profondément conscient de sa qualité de « peuple de Dieu ». Ce fut au cours de ce long voyage qu'il reçut la loi de Dieu — la Torah — et que la présence de Dieu se manifesta au milieu de lui de manière visible dans la tente qui servait de sanctuaire et qui est restée connue sous le nom de Tabernacle.

2.1*
L'Égypte a été liée à l'histoire du peuple de Dieu depuis les temps les plus anciens. La famine conduisit Abraham à travers le Négeb et le Sinaï vers les greniers du pays d'Égypte qui devait sa fertilité au Nil. Sur cette photo-satellite, on peut voir la côte Est de la Méditerranée, le Négeb, le Sinaï, la vallée et le delta du Nil ainsi que toute une série de lacs et de marécages dont les eaux se déversent vers le Sud dans la mer Rouge.

Légende des couleurs : l'eau apparaît en bleu foncé ou en bleu clair, la végétation luxuriante en rouge vif, la végétation pauvre en rouge foncé, les dunes de sable en jaune, les villes et les champs cultivés en bleu gris.

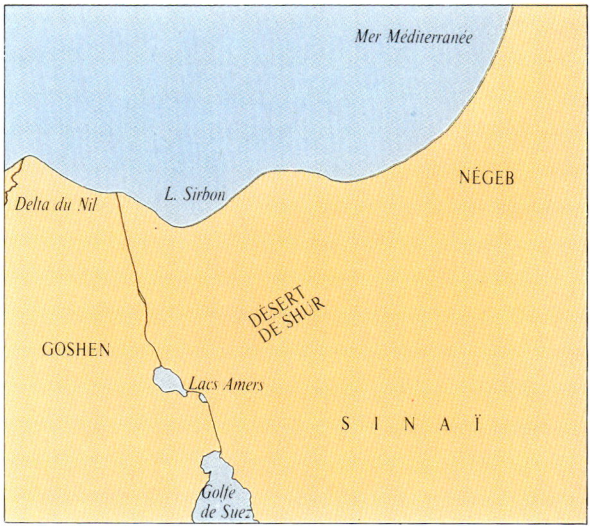

2.2
Le Nil a toujours été la grande voie de communication de l'Égypte ; il constituait un moyen de transport facile. Depuis les époques les plus reculées jusqu'à la récente construction du grand barrage d'Assouan, la crue annuelle de printemps a été vitale pour la survie et la prospérité de l'Égypte. Cette crue répandait en effet un limon fertile sur les deux rives du fleuve, créant ainsi une large bande de terre cultivable. Mais l'équilibre était précaire. Trop haute ou trop basse, la crue tournait au désastre.

2.4*
Les grandes colonnes de l'entrée hypostyle du temple d'Amon à Karnak (XIIIe siècle av. J.-C.) témoignent encore de la puissance de l'ancienne Égypte, de la grandeur de sa civilisation et de la place importante accordée à la religion.

2.3
Dans ce village égyptien, la vie continue de s'écouler comme aux temps anciens. Ces hauts palmiers témoignent de la présence d'un élément vital pour toute installation humaine : l'eau. Ces palmiers fournissent à la fois leurs dattes à manger — les noyaux écrasés sont donnés au bétail — leurs feuilles pour couvrir les toits ou pour faire des nattes et leur écorce pour fabriquer des cordes. L'argile, également présent, alimente de florissants ateliers de poterie.

2.5*
La famine qui conduisit Abraham en Égypte, contraignit dans les années qui suivirent, beaucoup d'autres malheureux à effectuer le même voyage dans l'espoir de trouver de la nourriture. Les fouilles effectuées dans un temple mortaire cananéen à Tell et Dab'a dans la région de Goshen ont permis d'établir avec certitude la présence d'une population sémitique dans le delta du Nil à l'époque des patriarches, c'est-à-dire vers 1650 av. J.-C.

2.6, 7*
Après avoir été vendu par ses frères, Joseph ne tarda guère à devenir, grâce à l'interprétation exacte qu'il sut donner des rêves royaux, le second personnage du royaume (les anciens Égyptiens accordaient en effet une grande importance aux rêves et écrivaient des livres entiers sur la manière dont il fallait les interpréter). Sept années de famine allaient faire suite à sept années d'abondance. Qui d'autre aurait pu, mieux que Joseph, surveiller le stockage du grain et prendre les mesures nécessaires pour éviter toute pénurie pendant les années de disette ? La peinture (à gauche) qui ornait la tombe de Menna à Thèbes représente des commis et des surveillants en train de compter et d'enregistrer la récolte de grains (1567-1320 av. J.-C.). Le bas-relief représente un homme mourant de faim.

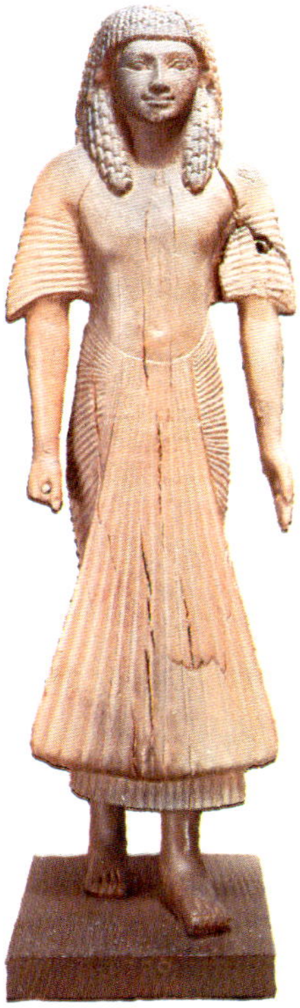

2.8
Cette statuette de bois qui date de 1400 environ av. J.-C. représente un haut fonctionnaire égyptien portant une perruque et une courte jupe de toile de lin. Elle permet de se représenter la façon dont Joseph a pu être habillé lorsqu'il eut été nommé gouverneur par le Pharaon.

2.9*
La religion égyptienne affirmait clairement l'existence d'une vie après la mort. Le corps était considéré comme la maison de l'âme. Après la mort, il était momifié afin de pouvoir être conservé.

L'âme avait besoin de toute une série d'objets personnels pour la vie qu'elle allait mener après la mort — vie qui ressemblait un peu à la vie terrestre qui l'avait précédée. Ces objets personnels étaient donc enterrés avec le corps ; de plus, les tombes des rois et des riches étaient souvent peintes de scènes très vivantes de la vie quotidienne. Cette peinture murale qui se trouvait dans la tombe de Ramose à Thèbes représente des femmes qui se lamentent lors de ses funérailles.

2.10*
Une peinture de la tombe de Sebekhotep à Thèbes et datant de 1420 environ av. J.-C., représente des envoyés sémitiques apportant le tribut. Cette scène se situe à l'époque où la famille de Joseph s'était installée en Égypte.

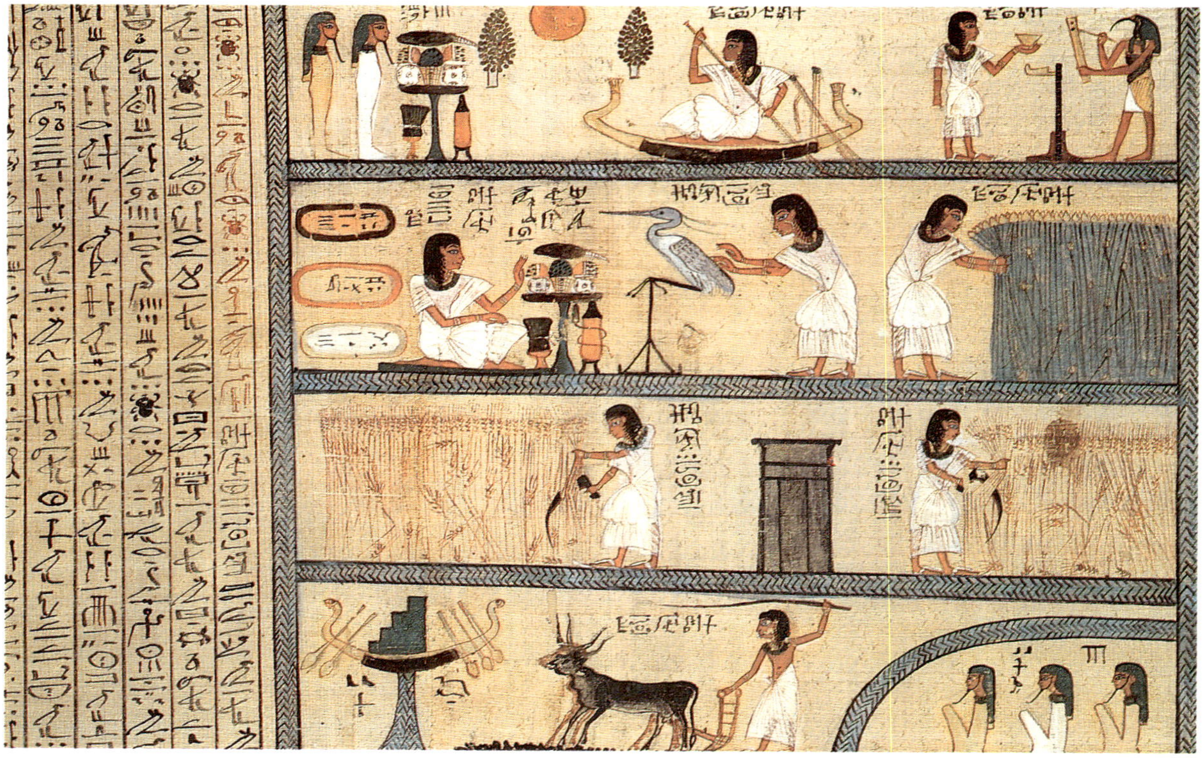

2.11, 12
Les anciens Égyptiens espéraient mener une vie agréable dans le royaume d'Osiris. Mais il fallait d'abord que la vie terrestre du mort soit pesée. Ces deux documents sont extraits d'une copie du *Livre des Morts* qui fut rédigé sur des papyrus vers 1300 av. J.-C. Les morts disposaient d'un guide pour les aider dans leur nouvelle vie. Le guide contenait toute une série de formules magiques destinées à les aider lors de leur jugement. Les scènes représentent divers travaux agricoles. La récolte du lin, la récolte du blé et les labours. Hunefer, pour qui le papyrus a été écrit, se tient debout devant le dieu Râ. Ce personnage (ci-dessous) nous permet de savoir comment était habillé un riche Égyptien de cette époque.

2.13
La plus extraordinaire découverte archéologique de ce siècle fut certainement celle d'Howard Carter qui en 1922 découvrit la chambre funéraire du Pharaon Toutankhamon et ses fabuleux trésors. Ce jeune roi régna sur l'Égypte au milieu du XIVe siècle av. J.-C., à l'époque où les descendants de Joseph vivaient dans la région de Goshen, dans le delta du Nil. Quatre sanctuaires recouverts d'or et emboités les uns dans les autres protégeaient le corps du roi. Sur la photographie, à droite, on voit la silhouette d'un garde gravé sur l'intérieur de la porte d'un de ces sanctuaires.

2.14*
Ce merveilleux collier garni de scarabées appartenait au roi Toutankhamon. Il fait partie de ces somptueux trésors qui furent l'œuvre des nombreux artistes et artisans de l'ancienne Égypte.

2.15
Joseph mourut, ainsi que tous ceux de sa génération. Les Israélites se multiplièrent, « puis un nouveau roi, qui n'avait pas connu Joseph, vint au pouvoir en Égypte ». Les Israélites étaient alors devenus assez nombreux pour constituer une menace. Ils vivaient tout près de la frontière égyptienne et auraient pu faire alliance avec des ennemis de l'Égypte. Des conditions de vie extrêmement dures commencèrent à leur être imposées. Pour Israël, le temps de l'esclavage avait commencé.

Le fait que le Pharaon Ramsès II (1279-1213 av. J.-C.) — représenté ici portant une table d'offrandes — ait été un pharaon « bâtisseur » est une des raisons pour lesquelles on estime généralement qu'il fut « ce nouveau roi ». Il est également possible que ce « nouveau roi » ait été Seti 1er, le père de Ramsès II.

2.16, 17
Les « chefs de corvée » obligèrent les Israélites à fabriquer des briques pour les nouvelles villes que construisait Ramsès (Ex 1). Les briques étaient moulées à partir d'un mélange d'argile et de paille puis cuites au soleil. On peut voir sur ces deux illustrations, le même antique procédé tel qu'il fut représenté sur le mur d'une tombe de l'ancienne Égypte, et tel qu'on peut le voir encore en usage près du Caire aujourd'hui.

2.19
Le roi imprimait son image sur tous les grands édifices qu'il faisait construire ; il faisait même parfois imprimer son nom sur chaque brique utilisée.

2.18
Ce socle d'une statue colossale de Ramsès II a été découvert sur le site de Pi-Ramsès, une des nouvelles villes-entrepôts que le Pharaon fit construire dans la région du delta.

2.20
Deux immenses statues de Ramsès II se dressent à l'entrée du temple de Louxor. Fut-ce cet homme que Moïse et Aaron durent affronter au cours de la rude partie qu'ils engagèrent pour obtenir la libération de leur peuple ?

2.21
Après les terribles ravages qu'avaient causés les 10 plaies, les Égyptiens ne demandaient plus qu'à être débarrassés des Israélites. Moïse ordonna alors à son peuple de demander aux Égyptiens des vêtements et des objets d'or et d'argent. Ceux-ci leur donnèrent tout ce qu'ils voulurent (Ex 12). Des bijoux tels que ceux-ci ont peut-être fourni l'or nécessaire à l'aménagement de la tente de Dieu (le tabernacle) ou ont peut-être aussi été fondus pour fabriquer le veau d'or.

2.22
À peine le Pharaon avait-il laissé partir le peuple qu'il le regretta. Il fit préparer ses chars et se lança à sa poursuite avec son armée. Mais l'intervention de Dieu permit au peuple de traverser en toute sécurité la région des lacs et des marécages qui le séparait de la péninsule du Sinaï.

En dépit de sa rapidité et de sa puissance, l'armée égyptienne fut détruite. Sur ce bloc de calcaire du temple de Seth à Abydos, on peut voir gravé un char de guerre égyptien typique.

2.23
Après avoir quitté l'Égypte et la région du delta fertile et luxuriante, les Israélites se dirigèrent vers la Terre Promise en passant par les montagnes du Sinaï. Ils n'empruntèrent pas la route côtière — plus courte — qui traversait le pays des Philistins car ils y auraient rencontré des garnisons égyptiennes. « Dieu mena le peuple par le chemin détourné, à travers le désert » (Ex 13). Le mont Sinaï est généralement identifié au mont Djebel Mousa. C'est là que Dieu établit son alliance avec son peuple, en lui donnant les lois auxquelles il voulait le voir soumettre sa vie (Ex 19 et 20).

2.25*
Sur cette stèle noire, haute de 2,5 m, sont gravées les lois du roi Hammourabi de Babylone qui vécut à l'époque des patriarches, vers 1792-1750 av. J.-C. On compare souvent ce fameux code de lois aux lois de Moïse. Il existe en effet entre les deux de notables similitudes mais également, de tout aussi notables différences.

2.24*
L'alliance que Dieu établit avec Israël au mont Sinaï et qui est rapportée dans les livres de l'Exode et du Deutéronome, fut rédigée selon un schéma qui ressemble de manière frappante à celui des traités internationaux de l'époque : prologue historique, stipulations, clauses relatives au document lui-même, bénédictions et malédictions. Ci-contre, un de ces traités d'alliance trouvé dans le Nord de la Syrie et rédigé en écriture cunéiforme sur une tablette d'argile vers 1480 av. J.-C.

2.26*
Fatigués d'attendre Moïse qui devait revenir leur apporter les commandements de Dieu, les Israélites se souvinrent de ce qu'ils avaient vu en Égypte. Ils persuadèrent Aaron de leur fabriquer un veau qu'ils pourraient adorer et lui donnèrent pour ce faire, leurs boucles d'oreilles en or afin qu'il les fasse fondre. En Égypte, le veau était un symbole de la fertilité et de la force physique. Ce veau en bronze de Memphis représente le dieu Apis. Il date du IVe siècle av. J.-C.

2.27
Le peuple de Dieu apprit de bien dures leçons au cours de son errance dans le désert ; là, les conditions extérieures difficiles obligèrent les Israélites à reconnaître leur dépendance de Dieu, jusque dans le domaine des nécessités premières de la vie.

2.28*
Ce dessin représente le tabernacle et les objets qui lui étaient destinés. Le tabernacle était la tente démontable et transportable qui servait de sanctuaire au peuple d'Israël (Ex 26). La tente de Dieu était dressée au milieu du camp des Israélites. Sa structure de base, qui était en bois, était recouverte à l'intérieur, de bandes d'étoffe brodées et, à, l'extérieur, de couvertures de peaux résistantes aux intempéries. L'intérieur était divisé en deux parties. Dans la pièce du fond se trouvait le coffre sacré : « l'arche de l'alliance » qui contenait les tables sur lesquelles étaient inscrites les lois de Dieu. Dans l'autre pièce, la plus proche de l'entrée se trouvaient un autel sur lequel brûlait de l'encens, un chandelier à 7 branches qui éclairait la pièce et une table sur laquelle on posait lors de chaque sabbat douze miches de pain. Dans l'espace ouvert mais enclos qui entourait la tente se trouvaient un bassin d'eau pour les ablutions et l'autel où étaient brûlées les offrandes.

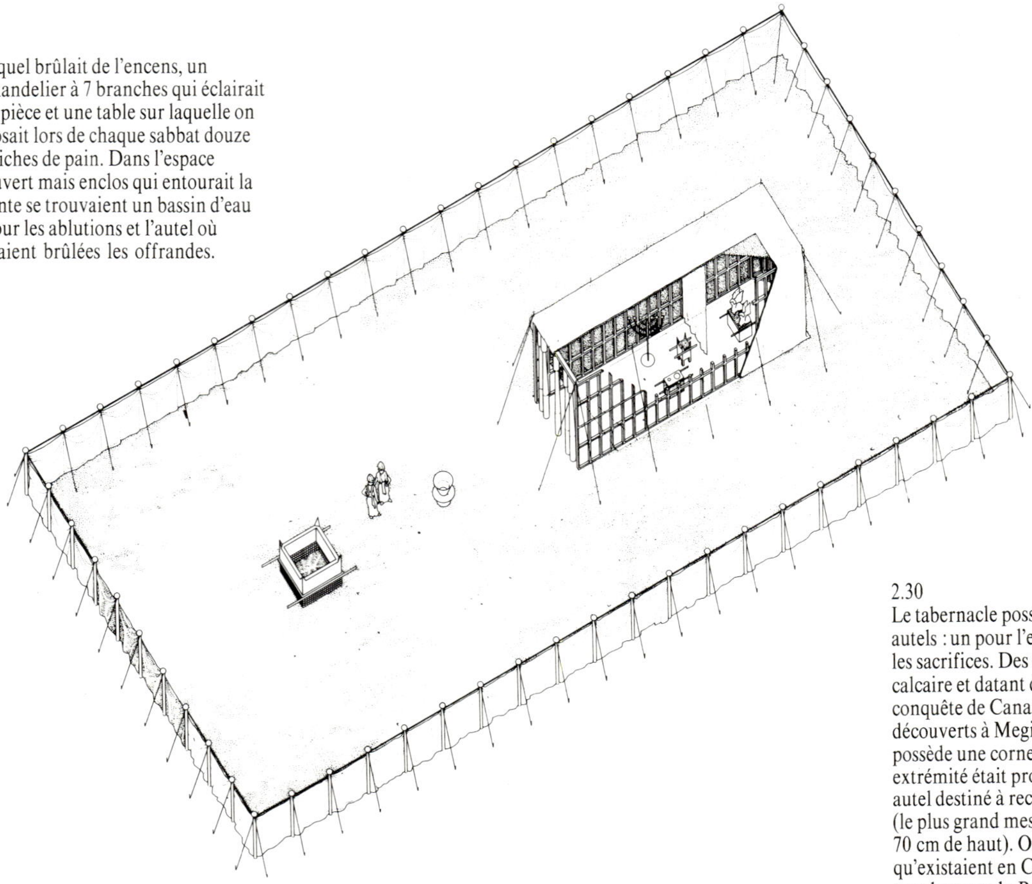

2.30
Le tabernacle possédait deux autels : un pour l'encens et un pour les sacrifices. Des autels en pierre calcaire et datant de l'époque de la conquête de Canaan ont été découverts à Megiddo. Celui-ci, qui possède une corne à chaque extrémité était probablement un autel destiné à recevoir de l'encens (le plus grand mesurait environ 70 cm de haut). On sait également qu'existaient en Canaan et dans tous les pays du Proche-Orient ancien des autels destinés aux sacrifices.

2.29*
Les lois de l'alliance furent consignées et gardées dans une boîte sacrée (l'arche de l'alliance) faite en bois recouvert d'or qui fut placée dans la pièce située au fond de la tente de Dieu. Cette boîte en bois munie d'anneaux et de barres pour le transport fut trouvée dans la tombe du roi Toutankhamon d'Égypte. Elle illustre bien la description que la Bible fait de l'arche au 25e chapitre de l'Exode.

Chapitre 3

LA TERRE PROMISE

Josué et les Juges

À cause de sa désobéissance et de son manque de confiance en Dieu, le peuple d'Israël fut condamné à passer 40 ans dans le désert du Sinaï et en Transjordanie, sans pouvoir jamais avoir de lieu de campement fixe. Moïse lui-même se vit interdire l'entrée de la Terre Promise. Il ne put que la contempler du haut des collines environnantes. Ce fut à Josué, le successeur de Moïse que revint la lourde tâche de conquérir le pays. Ce 3e chapitre s'ouvre au moment où le peuple se trouve face à la ville de Jéricho mais sur la rive opposée du Jourdain. Jéricho était la première forteresse dont il allait devoir s'emparer s'il voulait s'approprier le pays de Canaan et voir ainsi se réaliser la promesse de Dieu. Le récit biblique de ces événements — qui eurent lieu vers 1230 av. J.-C. — se trouve dans les livres de Josué et des Juges. Ce chapitre sera essentiellement consacré à Jéricho — une des plus anciennes villes du monde, habitée dès avant 6000 av. J.-C. —, aux occupants cananéens du pays, et aux régions qui furent attribuées à chacune des douze tribus d'Israël qui constituaient la descendance des douze fils de Jacob (Israël). On y trouvera pour terminer quelques documents consacrés aux Philistins, un de ces Peuples de la Mer qui vinrent de Crète, de Chypre ou de Grèce s'installer sur la côte Est de la Méditerranée au XIIIe siècle av. J.-C. Ils constituèrent, pour Israël, une menace qui alla grandissant tout au long de la période des Juges et jusque sous les premiers rois.

À l'époque de la conquête, le mot « cananéen » désignait toute une mosaïque de peuples regroupés dans de petits états-cités possédant chacun leur propre roi. Leurs perpétuelles dissensions simplifièrent certainement la tâche de Josué. Ils parlaient une langue apparentée — sinon semblable — à l'hébreu. La vie de fermiers qu'ils menaient ne devait pas être très différente de celle qu'avaient connue les Israélites en Égypte.

Une fois la première offensive terminée, la tentation fut donc grande pour les Israélites de s'installer simplement à leurs côtés. Mais la religion cananéenne était aux antipodes de la religion d'Israël caractérisée par un culte monothéiste et des lois morales strictes. Dieu ordonna à son peuple de détruire tout ce qui, d'une manière ou d'une autre, était mêlé à cette religion. Lorsque cet ordre ne fut pas respecté, la nation israélite encore toute neuve se trouva sérieusement menacée, et vit sa force considérablement diminuée comme le montrent clairement les récits du livre des Juges.

Les preuves matérielles de l'invasion Israélite en Canaan au XIIIe siècle sont parfois contestées. Il existe, sur de nombreux sites, des signes de destruction par le feu qui datent de cette époque mais on ne possède, bien sûr, aucune preuve irréfutable que ces destructions aient bien été l'œuvre des Israélites et non celle d'autres envahisseurs. Mais la stratégie de ces attaques parfois menées simultanément contre plusieurs cités cananéennes, parfois menées à plusieurs années d'intervalles, concorde avec les récits bibliques des livres de Josué et des Juges.

3.1
Après s'être enfuis d'Égypte et avoir erré 40 ans dans le désert, les Israélites allaient enfin entrer dans la Terre Promise. Depuis les collines de Moab, la vue s'étend, par-delà la mer Morte, jusqu'aux collines de Judée.

3.4*
Cette vue aérienne de la vallée du Jourdain, prise près de Jéricho, permet de comprendre pourquoi cette rivière apparut aux Israélites comme une barrière sur leur chemin. Au moment où ils voulurent la traverser, la rivière, grossie par la fonte des neiges était en crue. Josué dut se montrer « fort et courageux » comme il convenait au chef du peuple.

3.2, 3*
Quittant le désert du Sinaï, les Israélites remontèrent la rive orientale de la mer Morte afin de traverser le Jourdain en face de Jéricho. Avant que Moïse ne mourût, Dieu lui montra toute la Terre Promise de Dan dans le Nord (à gauche) à Beér-Shèba dans le Sud. Une ancienne ville se dressait sur la colline, à droite. On a donné à ce lieu le nom de Beér-Shèba bien qu'il n'y ait aucune preuve qu'il s'agisse bien là de l'ancienne Beér-Shèba.

3.5*
Jéricho, la « ville des palmiers » fut le premier obstacle sur le chemin des Israélites. Irriguée par des sources, Jéricho se dresse telle une oasis au milieu de la sécheresse environnante.

3.6*
Sur cette vue aérienne prise du Nord, on distingue nettement le « tell » de l'ancienne Jéricho. Cette ville est l'une des plus vieilles du monde. Elle était habitée dès avant 6000 av. J.-C.

3.7*
Cette pièce put être reconstituée grâce aux meubles et aux poteries découverts dans les tombes de ceux qui vécurent à Jéricho plusieurs siècles avant l'époque de Josué.

3.8
Vase en forme de tête humaine retrouvé à Jéricho. 1700 environ av. J.-C.

3.9*
Après la chute de Jéricho et d'Aï, Josué lut les lois de Dieu devant le peuple rassemblé et renouvela l'alliance. Comme Moïse l'avait ordonné (Dt 37), pendant la lecture des bénédictions et des malédictions, la moitié du peuple se tint sur le mont Garizim et l'autre moitié sur le mont Ébal. Le mont Garizim est vu, ici, du côté Est.

3.10*
Au moment de l'invasion des Israélites, les Cananéens s'étaient depuis longtemps installés dans de solides villes-forteresses disséminées dans tout le pays. Ils étaient également bien armés comme le montrent ces armes qui datent des XVe, XIVe et XIIIe siècles.

3.11*
Les orfèvres cananéens étaient d'habiles artisans comme en témoignent ces exemples de leur art retrouvés dans des tombes des XIVe et XIIIe siècles à Akko et Deir-el-Balah.

3.12, 13*
Contrairement aux Israélites qui étaient monothéistes, les Cananéens adoraient de nombreux dieux dont le plus important était Baal (ou Hadad, le dieu des tempêtes). Ce bas-relief vient de Ras Shamra en Syrie. Le dieu tient une massue et un bâton (ou un éclair stylisé). Le second personnage est en cuivre recouvert et incrusté d'or et d'argent.

3.14
L'Ancien Testament condamne « les hauts lieux » car ils étaient liés à la religion cananéenne. Les sanctuaires étaient effectivement souvent situés sur les sommets des collines et les lieux élevés mais ce terme de « hauts lieux » désignait aussi de manière plus générale, les endroits sacrés où se déroulaient les cérémonies rituelles des cultes cananéens. Le « haut lieu » cananéen photographié ici se trouve à Megiddo. Il existait déjà au IIIe millénaire av. J.-C., bien avant la conquête.

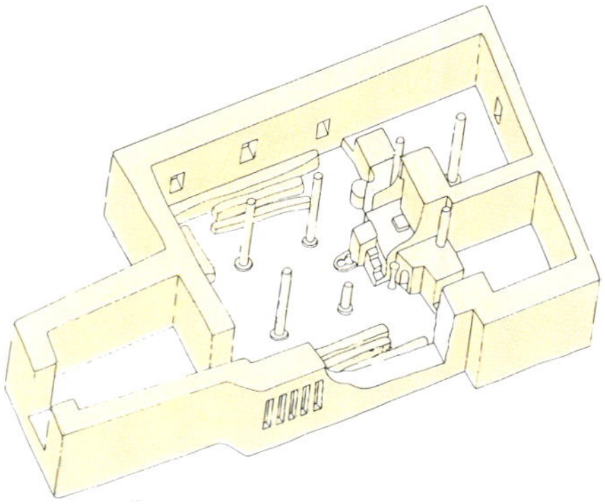

3.15
Pour sa première campagne, Josué eut à combattre dans le Sud les rois de Jérusalem, d'Hébron, de Yarmuk, de Lakish et d'Églon. La ville de Lakish et son temple (présenté ici photographié et reconstitué) furent probablement brûlés vers 1200 av. J.-C.

3.16*
Après avoir vaincu les rois, dans le Sud, Josué dut faire face, dans le Nord, à une coalition conduite par le roi d'Haçor. Ci-dessous, une vue aérienne de la forteresse.

3.17*
À Haçor, l'archéologue Yigael Yadin a mis au jour un sanctuaire cananéen. La pierre centrale est gravée de symboles qui représentent sans doute le dieu-lune et sa femme. Les temples qui étaient utilisés à l'époque du Bronze Récent (approximativement l'époque de la conquête de Canaan) furent sauvagement détruits.

3.18*
Échantillons de poteries provenant également d'Haçor et datant environ de l'époque de l'invasion israélite.

3.19
Lorsque les principales campagnes eurent pris fin, beaucoup de territoires restaient encore à conquérir. Le pays put néanmoins être divisé entre les tribus (c'est-à-dire les clans familiaux) d'Israël. On verra sur la carte les régions qui furent attribuées à chaque tribu.

3.20*
Asher reçut la région côtière avec les villes d'Akko, de Tyr et de Sidon.

3.21*
La région fertile de la Galilée avec son lac en forme de harpe et Dan, la ville la plus septentrionale du pays, furent attribuées à Nephtali.

3.22
Zabulon hérita, à l'intérieur des terres, d'une région montagneuse où se dressait le mont Carmel bien arrosé par les pluies apportées par les vents d'Ouest. Nazareth était située sur son territoire.

3.23
Au Sud du lac de Galilée, le Jourdain forme une sorte de frontière naturelle. Les territoires situés à l'Ouest revinrent à Issacar, et ceux qui étaient situés à l'Est furent attribués à Manassé.

3.24*
Manassé possédait des terres à l'Est et à l'Ouest du Jourdain. Ces terres comprenaient la plaine du Saron et la vallée de Yizréel que l'on voit ici.

3.25
Dans le pays d'Éphraïm s'élevaient les collines fertiles du Sud de la Samarie qui culminent à 900 mètres au-dessus du niveau de la mer.

3.26
Gad reçut la région située à l'Est du Jourdain, une région où le bétail était assuré de trouver de riches pâturages.

3.27*
A Dan, revint une bande de terre qui s'étirait jusqu'à Joppé sur la côte méditerranéenne.

3.28
Jéricho et Jérusalem faisaient partie du pays de Benjamin ainsi que les collines stériles qui séparent les 2 villes et les collines plus verdoyantes qui s'élèvent un peu plus à l'Ouest.

3.29
Le territoire de Ruben s'étendait au Nord-Est de la mer Morte ; c'était une région propice à l'élevage des chèvres et des moutons.

3.30
La région des collines située au Sud de Jérusalem fut attribuée à Juda. Les pentes exposées à l'Ouest permettent la culture des céréales, des olives et du raisin.

3.31
Le territoire qui revint à Siméon se trouvait plus au Sud ; il comprenait la ville de Beér-Shèba et s'étendait jusque dans la région semi-désertique du Négeb.

3.32*
En 1896 une dalle de pierre connue désormais sous le nom de « Stèle d'Israël » fut découverte à Thèbes en Égypte. Le texte qui y était gravé était un hymne à la gloire du Pharaon Merneptah et se terminait par la liste de ses conquêtes au nombre desquelles figurait Israël : « Israël est dévasté, sa semence est détruite... » C'est là le plus ancien témoignage extra-biblique que l'on possède de l'existence d'Israël ; il confirme indiscutablement la présence d'Israël en Canaan vers 1210 av. J.-C.

3.33
Les Israélites renoncèrent à conquérir entièrement les territoires qui leur avaient été attribués. Certains choisirent de cohabiter avec les tribus cananéennes. À l'époque des Juges, ils eurent à subir toute une série de contre-attaques. Sur les pentes escarpées du mont Thabor (photo ci-dessous), Déborah et Barak réunirent leurs forces pour repousser leur oppresseur, le roi Yabîn d'Haçor qui possédait 900 chars de fer.

3.34
Après quelques tergiversations, Gédéon accepta de relever le défi que lançaient à Israël les hordes d'envahisseurs madianites venus de l'Est montés sur leurs chameaux. Sur les rives de l'Harod, obéissant aux ordres de Dieu, il réduisit son armée à 300 hommes, ceux qui choisirent de boire en prenant l'eau dans leurs mains plutôt que de s'agenouiller pour boire comme le reste des soldats.

3.35, 36*
Depuis l'époque des Juges et jusque sous le règne de David, les Philistins comptèrent parmi les principaux ennemis d'Israël. Ces Philistins étaient les « Peleset », un des « Peuples de la Mer » qui se répandirent sur les côtes de la Méditerranée, allant jusqu'à envahir l'Égypte. Sur des scènes gravées vers 1175 av. J.-C. pour commémorer les victoires du Pharaon Ramsès III, les soldats philistins apparaissent vêtus de jupes courtes et de casques emplumés très caractéristiques. Le détail d'une de ces coiffures apparaît nettement sur cette tête sculptée trouvée à Thèbes.

3.37*
Maquette d'un bateau de guerre philistin du XIIe siècle av. J.-C.

3.38*
Les Philistins s'installèrent surtout dans cinq villes fortifiées situées dans la plaine côtière de Canaan.
Sur ce document, l'une d'elles, Ashqelôn, est attaquée par le Pharaon Merneptah ou par son père Ramsès II.

3.39*
Les poteries découvertes dans la plaine côtière occupée par les Philistins et décorées de dessins géométriques rouges et blancs ou d'oiseaux stylisés sont une imitation locale de la production mycénienne.

Chapitre 4

UN ÂGE D'OR

Saül, David et Salomon : les premiers rois d'Israël

À l'époque des Juges, les Israélites avaient régulièrement été délivrés de leurs oppresseurs par toute une série de champions locaux que Dieu avait lui-même suscités et qui lui avaient ramené le peuple égaré dans la désobéissance et l'adoration des faux-dieux. Mais vint un moment, où, comme il fallait s'y attendre, le peuple réclama à grands cris un roi : un chef national semblable à ceux que possédaient les nations environnantes. Vers 1050 av. J.-C., le prophète Samuel accéda à leur demande et, guidé par Dieu, accorda l'onction royale à Saül qui devint ainsi le premier roi d'Israël. Le récit de ces événements se trouve dans le 1er livre de Samuel à partir du chapitre 8. Saül se révéla bon chef et bon soldat mais l'exercice du pouvoir l'éloigna de cette fidélité à Dieu qui aurait dû être le trait caractéristique d'un véritable roi d'Israël. Les derniers chapitres du livre de Samuel rapportent que Dieu choisit alors un successeur à Saül. Ce nouveau successeur fut David qui, à l'époque n'était encore qu'un enfant qui gardait les troupeaux de son père sur les collines entourant Bethléem.

Ce 4e chapitre sera essentiellement consacré à David et à son fils Salomon dont le règne marqua l'âge d'or de la longue histoire d'Israël. Ce fut David qui parvint à s'emparer de la forteresse jébusienne de Jérusalem et qui en fit la capitale du pays, la cité sainte de Dieu. La présence à Jérusalem de « l'Arche » contenant les lois de Dieu au début, et du temple, plus tard, en firent pour le peuple le lieu privilégié de l'observance religieuse.

Le règne de David fut marqué de guerres incessantes. Mais David parvint à établir de solides frontières et de solides alliances qui permirent à son fils Salomon de régner dans la paix et d'avoir le temps et les moyens d'entreprendre un vaste programme de constructions et de payer le talent d'habiles artisans.

Bien qu'il ne reste plus rien de ce temple glorieux lambrissé de cèdre et recouvert d'or, décrit avec tant de précisions et d'amour aux chapitres 5 à 8 du 1er livre des Rois, sa décoration, due à des artisans venus de la proche Phénicie, nous est connue grâce à d'autres réalisations plus tardives mais de même style qui furent retrouvées dans les palais assyriens.

Des fouilles ont également permis de reconstituer les plans des portes et des murs d'enceinte des villes d'Haçor, de Megiddo et de Gézer qui furent toutes trois reconstruites par le roi Salomon. À Arad, dans le Sud, des archéologues ont découvert les restes d'un sanctuaire israélite, preuve que si le temple de Jérusalem était bien le centre le plus important du culte national, il n'en existait pas moins ailleurs d'autres sanctuaires, et ce, dès l'époque du règne de Salomon.

4.1
Lorsque le peuple d'Israël réclama un roi, le prophète Samuel le mit solennellement en garde contre les problèmes qu'un tel changement ne manquerait pas de poser. Saül régna d'abord avec sagesse, mais le pouvoir lui monta rapidement à la tête. Il était encore roi, lorsque Dieu lui choisit un successeur : David. David était le plus jeune des 8 fils d'Isaï, il habitait Bethléem, dans les collines de Judée.

4.2
Les longues heures passées sur les collines à garder les troupeaux de son père avaient laissé à David tout loisir de perfectionner son talent de harpiste. Il est possible que David ait joué sur une harpe de ce type nommée Kinnor. Son talent de musicien et de poète lui valut d'être appelé le « chantre agréable d'Israël ».

4.3
Ivoire cananéen de Megiddo représentant un joueur de harpe.

4.4*
Après son combat contre Goliath, David devint si populaire qu'il s'attira l'hostilité du roi Saül et se trouva contraint de devenir hors-la-loi. Il se cacha avec ses hommes dans les montagnes qui entourent la source d'Engaddi, près de la mer Morte.

4.5*
Saül et son fils Jonathan furent tués sur les montagnes de Gelboé au cours d'une bataille contre les Philistins. David pleura amèrement la mort de son ami.

4.6*
Quand les Philistins trouvèrent le cadavre de Saül, ils lui coupèrent la tête, le dépouillèrent de ses armes et attachèrent son corps sur les murailles de la ville de Bet-Shân (1 S 31). Ci-dessous, une vue aérienne du tertre impressionnant où se trouve enfouie l'antique cité.

4.7, 8*
David reçut l'onction royale à Hébron mais la guerre qui opposait ses partisans à ceux de la famille du roi Saül se poursuivit. Les deux armées se rencontrèrent et engagèrent le combat près du réservoir de Gabaôn. On a retrouvé à Gabaôn une citerne très profonde à laquelle un escalier très raide permettait d'accéder. Il est possible qu'il s'agisse là du réservoir mentionné au chapitre 2 du 2e livre de Samuel.

4.9*
La « ville » dont David fit la conquête et dont il fit sa nouvelle capitale n'occupait qu'une petite superficie au Sud-Est et à l'extérieur des murs actuels de la Vieille Ville. Elle était entourée sur 3 côtés par des vallées situées très en contrebas : la vallée de Tyropœon à l'Ouest, d'Hinnon au Sud et du Cédron à l'Est.

4.10*
Jérusalem demeura longtemps forteresse jébusienne. Elle était si bien fortifiée que les Israélites ne parvinrent pas à s'en emparer par la force. Mais David découvrit un moyen d'accès pour l'investir. De nombreux savants pensent que ce moyen d'accès fut un tunnel qui devait relier la ville à une source souterraine : les hommes de David pénétrèrent dans la ville en passant par cette conduite d'eau. Ci-dessous, une partie de la cité jébusienne.

4.11*
La paix durement gagnée par le roi David permit l'âge d'or de l'époque salomonienne. Sous le règne de Salomon, un vaste programme de construction fut mis en œuvre, et le temple de Jérusalem au projet duquel David avait tant travaillé, fut enfin édifié. À la suite d'un traité commercial signé avec le roi Hiram de Tyr, des cèdres du Liban furent assemblés en grands radeaux et confiés à la mer : ils descendirent la côte en flottant et terminèrent leur voyage vers Jérusalem tirés par des cordes. Des célèbres forêts qui recouvraient autrefois les collines du Liban, il ne reste plus actuellement que quelques bosquets épars.

4.12
On pense généralement que les carrières qui fournirent les pierres du temple se trouvaient sous la Vieille Ville de Jérusalem. Les gros blocs de pierre furent préparés sur place afin que l'on n'entende sur le site même du temple, aucun coup de marteau ou de ciseau.

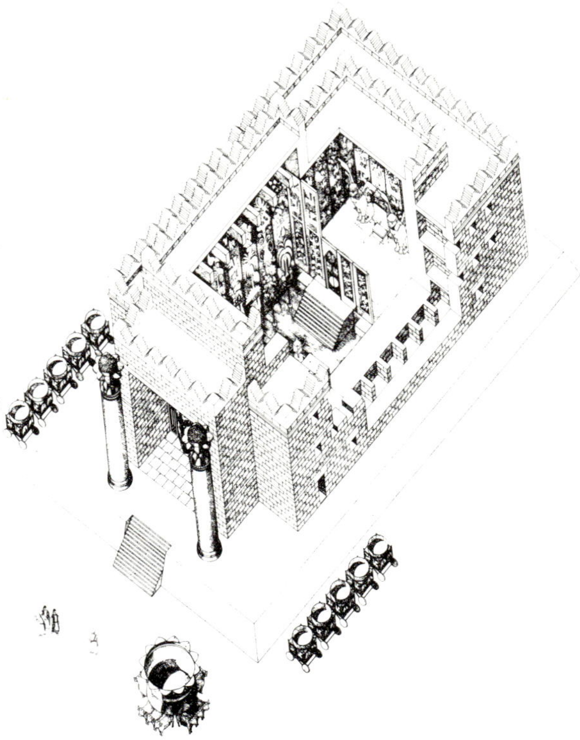

4.13*
Cette reconstitution du temple a été faite d'après la description qu'en donne le chapitre 6 du 1er livre des Rois. Le temple était de taille modeste car il avait été conçu pour être la maison de Dieu et non une cathédrale à l'usage de ses adorateurs. Il mesurait 27 m × 9 m × 13,5 m à l'intérieur. La salle du fond qui constituait véritablement le sanctuaire, avait la forme d'un cube de 9 m de côté. Le matériau de construction utilisé fut un matériau local : le calcaire doré, le toit et les poutres étaient en cèdre. À l'intérieur les murs étaient entièrement lambrissés de cèdre. Le sol était en pin. Le sanctuaire intérieur et tout ce qu'il contenait était recouvert d'or.

4.14, 15*
On ne peut se faire une idée des sculptures qui ornaient le temple qu'en se référant à d'autres réalisations contemporaines — les emprunts faits à l'Égypte et à la Phénicie étaient fréquents. Le lion et la plante de lotus sculptés dans l'ivoire (ci-dessous et à gauche) reflètent tous deux ces influences. Le roi Salomon utilisa le palmier comme motif décoratif.

Les « créatures ailées » ou chérubins que Salomon fit graver sur les murs du temple ressemblaient peut-être à ce sphynx ailé. Ces deux ivoires sculptés viennent de Fort Salmanasar, Nimrud (Assyrie) et datent du IXe ou du VIIIe siècle av. J.-C.

4.16*
Ce socle de bronze représentant un adorateur qui s'approche du dieu assis vient du temple cananéen de Megiddo et date de 1050 ou 1000 av. J.-C. Une bonne partie des objets qui se trouvaient dans le temple étaient en bronze. Ils furent l'œuvre d'un artisan très capable nommé Hiram dont la mère était israélite et le père tyrien. Au nombre de ces objets se trouvaient dix socles — plus grands que celui de Megiddo — montés sur roues et destinés à recevoir des bassins.

4.17*
En plus du temple et des nouveaux palais qu'il fit édifier, pour lui-même et pour la fille du Pharaon, le roi Salomon reconstruisit 3 villes : Haçor et Megiddo dans le Nord, et Gézer à l'Ouest de Jérusalem. Des fouilles entreprises sur ces trois sites ont permis de mettre au jour des portes dont les plans sont très similaires et des murs qui reproduisent, dans les 3 cas, cette forme de « casemates » très caractéristique. Ci-dessous, photographie de la porte de Gézer. Le plan de la porte d'Haçor montre nettement la manière dont elle a été construite.

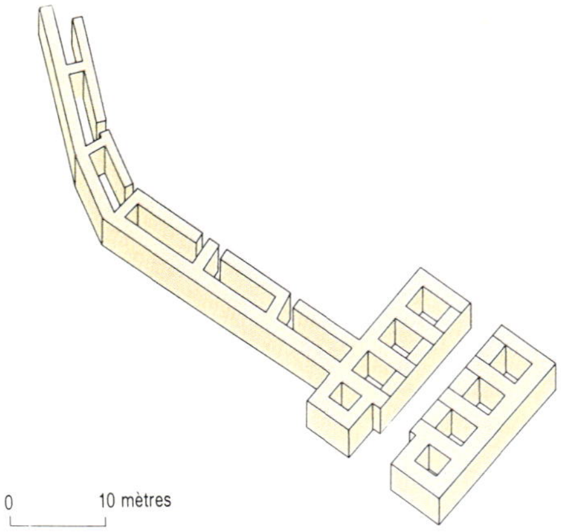

4.18*
Autre découverte d'un intérêt particulier faite à Gézer, ce petit « calendrier » de pierre sur lequel un élève a dressé la liste des travaux des fermiers aux différentes saisons de l'année. Ce calendrier du Xe siècle av. J.-C. donne une idée de ce qu'était l'écriture à cette époque.

4.19
Salomon avait noué des liens commerciaux avec de nombreux pays s'étendant de l'Égypte à l'actuelle Turquie et à l'Arabie. Salomon possédait une flotte commerciale qui, naviguant de concert avec celle du roi Hiram de Tyr, étendait son champ d'activité bien au-delà de la mer Rouge. Ci-dessus, un navire de marchandises du VIIe siècle av. J.-C., donc légèrement postérieur à l'époque salomonienne.

4.20, 21, 22*
Bien que le temple de Jérusalem ait été le principal centre religieux à l'époque de Salomon, il n'était pas le seul sanctuaire existant sur le sol d'Israël. À Arad, entre Beér-Shèba et la mer Morte, les archéologues ont découvert les restes d'un sanctuaire israélite. Cette vue aérienne d'Arad montre l'ensemble des ruines. La ville la plus basse est cananéenne (2850-2650 av. J.-C.). La citadelle plus récente appartient à l'époque israélite. La porte reconstruite qui mène à la ville israélite a été photographiée fermée.

Chapitre 5

ROIS ET PROPHÈTES

Le royaume divisé et l'envahisseur assyrien

Si la Bible loue la sagesse du roi Salomon, elle parle aussi franchement de ses erreurs. Au moment de sa mort, les graines de discorde qui allaient aboutir à l'éclatement du royaume étaient déjà semées. Son amour pour ses innombrables femmes étrangères et leurs dieux le conduisit aux compromis et sa passion des beaux édifices l'amena à taxer lourdement ses sujets, voire à les réduire en esclavage.

Son fils se montra incapable de comprendre son peuple et ses erreurs lui valurent de se retrouver avec un état fortement amputé qui ne comptait plus que deux tribus et qui prit dès lors le nom de royaume de Juda. Les dix tribus du Nord ayant fait sécession, se choisirent un nouveau roi et formèrent le royaume d'Israël.

Ce 5e chapitre aura donc pour cadre un royaume divisé et couvrira une période qui ira de la mort de Salomon vers 931 av. J.-C. à la fin du royaume d'Israël vers 700 av. J.-C. Cette époque est celle des grands prophètes de l'Ancien Testament : d'Élie et Élisée à Ésaïe ; son histoire est racontée dans les livres des Rois et des Chroniques et dans les 39 premiers chapitres du livre d'Ésaïe.

Ce chapitre commence avec l'invasion du Pharaon Shéshonq et avec la lutte qui oppose Élie aux prophètes de Baal sur le mont Carmel. Il se poursuit avec la description de la forteresse de Megiddo et de la ville de Samarie, la nouvelle capitale du royaume du Nord : le royaume d'Israël.

Au Nord des royaumes d'Israël et de Juda, l'Assyrie devient de plus en plus puissante et, au VIIIe siècle av. J.-C., étend sa domination sur toute la région et même sur l'Égypte, au Sud. Après 3 ans de siège, en 722 av. J.-C., Samarie tombe aux mains des Assyriens : le royaume d'Israël est rayé de la carte. Les Assyriens ont, comme les Égyptiens, laissé de remarquables « archives » sur leurs rois et leurs grandes victoires qui illustrent admirablement leurs écrits et les récits bibliques. Ces archives d'un type spécial ont survécu parce qu'elles étaient sculptées sur les murs des palais assyriens. Le seul élément qui fasse défaut dans la plupart des cas est la couleur qui n'a pu résister au temps.

Ce 5e chapitre présente une sélection de scènes étonnantes retrouvées à Kalah (Nimrud) et Ninive, la capitale assyrienne (aujourd'hui en territoire iraqien).

L'Obélisque Noir du roi Salmanasar montre le roi Jéhu d'Israël (ou son représentant) prosterné devant le roi assyrien et lui payant tribut.

Les Assyriens apparaissent dans de nombreuses scènes de bataille comme des guerriers redoutables, très capables de terrifier les habitants de Jérusalem, comme la Bible et les inscriptions du prisme de Sennachérib racontent qu'ils le firent sous le règne d'Ézéchias. Pour se consoler de n'avoir pu s'emparer de Jérusalem, Sennachérib fit représenter sur les murs de son palais de Ninive le siège et la chute de la ville de Lakish qui était proche de Jérusalem. Il existe néanmoins un autre aspect de la vie des Assyriens que l'on découvrira dans d'autres documents présentés dans ce chapitre.

5.3*
Au Nord, les défenses de la forteresse de Megiddo qui avait été reconstruite par Salomon, furent renforcées par le roi Achab d'Israël. À droite, on peut voir sur la photo aérienne la « colline de Megiddo » *(har-megiddon)* devenue l'Harmagedon du Nouveau Testament : le champ de bataille par excellence. Megiddo qui commandait le passage à travers les monts du Carmel occupait une position clé dans la défense du royaume d'Israël.

5.1*
Peu après la mort du roi Salomon, le Pharaon Shéshonq envahit le royaume de Juda et livra le temple au pillage. Ce bracelet d'or qui appartint à son fils fut peut-être fait avec l'or du temple.

5.2
Sous le règne du fils de Salomon, le royaume se divisa en royaume du Nord et royaume du Sud. Le royaume d'Israël, au Nord, créa de nouveaux centres religieux destinés à concurrencer Jérusalem. Bien vite, au culte rendu à Dieu se mêlèrent d'autres cultes rendus aux divinités locales. Tout annonçait déjà le grand combat qu'allait devoir mener Élie sur le mont Carmel, un combat qui allait opposer Dieu à Baal (1 R 18).

5.4*
Les archéologues ont découvert à Megiddo des constructions qu'ils ont d'abord prises pour les écuries du roi Salomon. Ils estiment actuellement qu'il s'agit sans doute plutôt de casernes ou d'entrepôts construits par le roi Achab.

5.5
Il était vital, en cas de siège, de pouvoir assurer l'approvisionnement en eau. À Megiddo, ce tunnel donnait accès à un grand réservoir souterrain.

5.6
Cette boîte d'ivoire sculptée dans la masse et décorée de lions et de sphinx ailés, dans le style phénicien, faisait partie d'un ensemble d'objets précieux trouvés à Megiddo et datant des XIVe, XIIIe et XIIe siècles av. J.-C.

5.7*
De Megiddo, également ce sceau de Shema qui fut un serviteur du roi Jéroboam II d'Israël. L'inscription gravée dit : « (appartenant) à Shema, serviteur de Jéroboam ». Le sceau représenté ci-dessous est une réplique en bronze de l'original en jaspe qui fut perdu à Istamboul.

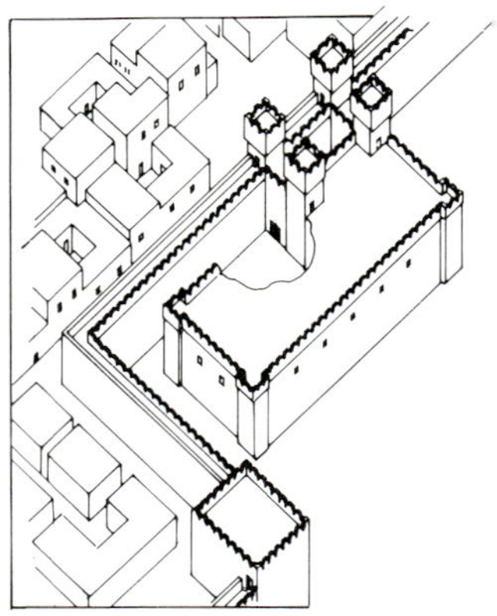

5.9
La reconstitution de cette porte donne une idée de la résistance que la ville pouvait opposer aux attaques. En 722/1 av. J.-C. Samarie tombait pourtant aux mains des assiégeants assyriens ainsi que l'avaient annoncé les prophètes de l'Ancien Testament.

5.8*
Samarie fut choisie comme capitale du royaume d'Israël en raison de sa position qui lui assurait une solide protection.

5.11*
Posséder de l'ivoire (d'éléphants syriens) était un signe de grande richesse à l'époque des rois. Cet ivoire finement sculpté servait à décorer les trônes, les lits d'apparat et autres meubles. Le roi Achab possédait une « maison d'ivoire » dans sa capitale de Samarie ; mais le prophète Amos condamnait vigoureusement « ceux qui (reposaient) sur des lits incrustés d'ivoire », et qui jouissaient d'un luxe acquis aux dépens des pauvres. Cet ivoire célèbre de Nimrud représente une femme à sa fenêtre portant une perruque et une robe égyptienne ; il fut sans doute lié au culte d'Astarté qui apparaît ici sous les traits d'une prostituée sacrée. Aux yeux des prophètes de l'Ancien Testament le luxe et l'adoration des faux dieux allaient souvent de pair.

5.10*
On peut encore voir dans les ruines de Samarie une partie du palais du roi Achab et quelques pans de murs de la ville.

5.12*
Le 3e chapitre du 2e livre des Rois raconte que le roi de Moab, Mésha, qui possédait de grands troupeaux de moutons, dut fournir au roi d'Israël 100 000 agneaux et la laine de 100 000 béliers. Bien entendu, dès que le roi Achab mourut, Mésha se révolta. Mésha célébra sa liberté retrouvée en faisant graver ses hauts faits sur une dalle de pierre qu'il fit ériger dans sa ville de Dibôn. Cette « Pierre de Moab » se trouve maintenant au Louvre. Elle a dû subir de très délicats travaux de restauration et de reconstitution car, vers 1870, la population locale, s'imaginant qu'elle contenait un trésor, l'avait complètement brisée.

5.13
De l'autre côté du Wad-el-Hasa s'étendent les collines de Moab, le pays de Mésha.

5.14
Ce personnage d'ivoire décorait — avec bien d'autres — le mobilier de bois d'un palais syrien. L'un deux portait le nom d'Hazaël, le puissant roi de Damas (Syrie) qui combattit les rois Jéhu et Joachaz d'Israël. Jérusalem elle-même fut menacée et dut payer le tribut en puisant dans les trésors du temple. En 841 et en 837 av. J.-C., Hazaël combattit le roi assyrien Salmanasar III. Trente ans plus tard, le roi vieillissant se soumettait à la puissance assyrienne.

5.15*
L'Assyrie fut la grande puissance du VIIIe siècle av. J.-C. Sa civilisation a laissé un témoignage artistique unique constitué essentiellement des œuvres remarquables des sculpteurs des grandes villes de Kalah (Nimrud) et Ninive (la capitale) en Iraq — œuvres qui sont parvenues jusqu'à nous.

Au XIXe siècle, la reconstruction des murs du palais de Kalah (Nimrud) sur les bords du Tigre par des artistes pleins d'imagination, dut beaucoup à ces sculptures.

5.16, 17*
Les souverains des royaumes voisins de l'Assyrie payaient très cher sa « protection ». Un célèbre panneau (ci-dessous) de l'Obélisque Noir (qui raconte les triomphes du roi Salmanasar III) représente Jéhu, le roi d'Israël, « Fils d'Omri » (ou peut-être son représentant) en train de payer le tribut au roi assyrien. Cet obélisque fut découvert en 1846 par une équipe d'ouvriers qui travaillait pour l'archéologue Henri Layard à Kalah (Nimrud).

5.19*
Cette reconstitution d'une des immenses portes de la ville donne une idée de la grandeur et de la splendeur de l'ancienne Ninive.

5.18*
Vue aérienne du site de l'ancienne Ninive, capitale de l'Assyrie. Le mur intérieur de la ville mesurait environ 12 km. Il pouvait abriter une population d'environ 175 000 personnes. Il serait intéressant de mettre en parallèles ces vestiges avec la description que Jonas fit de cette même ville dans la Bible.

5.20*
Cette scène domestique représentant une femme donnant à boire à son enfant révèle un autre aspect de la vie des Assyriens et contrebalance quelque peu les nombreuses représentations de personnages royaux et de scènes de batailles. Scène peinte sur les murs du palais du roi Sennachérib à Ninive.

5.21*
Ishtar (Astarté), déesse de l'amour et de la guerre, était l'une des principales divinités des Assyriens. Elle est représentée ici sur un petit sceau cylindrique dont l'inscription figure à gauche.

5.23*
Les rois assyriens chassaient le lion. Ils en possédaient également en captivité. Sur cette sculpture qui se trouvait dans le palais du Nord à Ninive, le roi Assurbanipal achève un lion à la lance.

5.22*
Le roi Assurbanipal festoie en compagnie de sa femme dans les jardins royaux. Scène sculptée.

5.25, 26*
Ces scènes ont été sculptées sur les murs du palais du roi Sennachérib à Ninive vers 690 av. J.-C.
Ci-contre : le roi dans son char.
À droite : des équipes d'hommes tirent à l'aide de cordes une statue pour l'amener de la rivière au nouveau palais du roi.

5.24
Des musiciens élamites célèbrent la gloire du roi Assurbanipal qui vient de s'emparer de la ville de Madaktu.

5.27*
Vers la fin du VIIIᵉ siècle, le roi Ézéchias de Juda tenta de secouer le joug assyrien. Ce qui arriva alors a été raconté dans la Bible (2 R 18 et 19 - Es 36 et 37) mais également par le roi assyrien Sennachérib. Cette étrange poterie à 6 faces de 37,5 cm de hauteur, fut appelée « Prisme de Taylor » parce qu'elle fut achetée en 1830 à Ninive par le colonel Taylor. « Quant à Ézéchias, roi de Juda », dit le texte, « il ne s'était pas soumis à mon joug — j'assiégeai 46 de ses places fortes ceintes de murs... Lui-même, je l'enfermai dans Jérusalem, sa ville royale, comme un oiseau dans sa cage ».

5.28, 29, 30, 31, 32
Pour assurer l'approvisionnement en eau de la ville en cas de siège, le roi Ézéchias fit percer dans le rocher un tunnel de 620 mètres de long qui devait amener l'eau de la source de Gihôn au réservoir de Siloé situé à l'intérieur des murs de la ville (pour l'itinéraire suivi, voir le diagramme). Grâce à la science des ingénieurs de l'époque, les deux équipes d'ouvriers, qui étaient parties chacune d'une extrémité du tunnel, se rencontrèrent au milieu.

En 1880, un jeune garçon qui se baignait dans le réservoir découvrit une inscription (en haut à droite) qui se trouve maintenant au Musée des Antiquités d'Istamboul. Cette inscription disait : « Ceci est l'histoire de la jonction. Alors que (les tailleurs de pierre abattaient) leurs haches, chacun vers son compagnon, et qu'il restait encore trois coudées à percer, (on entendit) la voix d'un homme qui appelait son compagnon, car il y avait une fissure sur la droite... Et le jour de la jonction, les tailleurs de pierre ont frappé au travers pour rencontrer chacun son compagnon, hache contre hache. Puis l'eau s'est déversée de la source dans le réservoir sur 1 200 coudées et la hauteur du rocher derrière la tête des tailleurs de pierre était de cent coudées ».

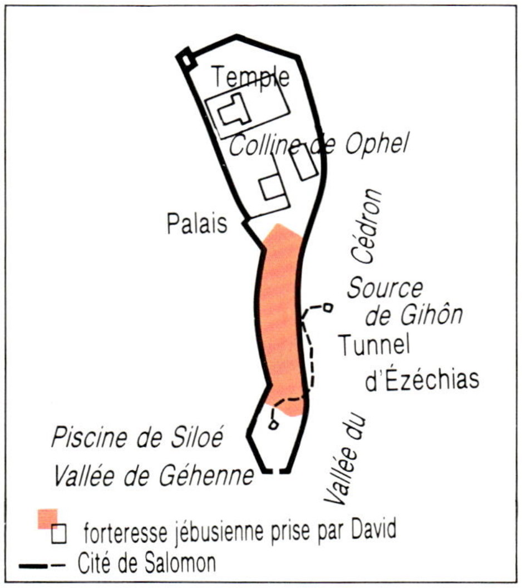

5.33
L'armée assyrienne qui entourait Jérusalem offrait un spectacle effrayant. L'ennemi faisait courir d'horribles histoires pour terrifier les rebelles. Les récits bibliques rapportent que Jérusalem fut sauvée parce que le roi Ézéchias eut confiance en Dieu. La ville proche de Lakish (à gauche) ne connut pas un sort aussi heureux.

5.34*
Le roi Sennachérib d'Assyrie fit graver sur les murs de son palais de Ninive les terribles scènes finales de la chute de Lakish (vers 700 av. J.-C.). Quelques habitants s'enfuient pendant que les défenseurs de la ville essaient de repousser les Assyriens avec des projectiles et des torches enflammées.

5.35
On distingue nettement sur ces bas-reliefs assyriens les armures et les armes des archers et des soldats assyriens.

5.36*
Pendant que quelques soldats du roi Sennachérib emportent le butin (ci-dessous, à gauche), d'autres emmènent les prisonniers.

5.37*
Assis sur son trône, le roi Sennachérib d'Assyrie (ci-dessous) reçoit la reddition de la ville de Lakish.

5.38
Cette lettre qui fut découverte, avec bien d'autres, dans la forteresse d'Arad date de la fin du VIIe siècle av. J.-C. L'expéditeur était venu à Jérusalem s'enquérir du sort d'un homme dont il dit qu'« il est bien ; il est dans la maison de Dieu ». C'est la première référence connue qui ait été faite dans une lettre au temple de Jérusalem. Le scribe utilise un hébreu biblique ancien très correct.

5.39, 40, 41*
Les Israélites ne furent qu'un des nombreux peuples qui tombèrent sous la domination assyrienne au VIIIe siècle.

Les impressionnants navires de guerre phéniciens (maquette ci-dessous à gauche) ne purent sauver les villes de Tyr (ci-dessous) ou de Sidon.

5.42*
Ces superbes panneaux de bronze qui se trouvaient sur les portes de Balawat (près de Kalah) furent commandés par le roi Salmanasar III. La partie supérieure centrale représente le transport par bac du tribut que la ville fortifiée et à demi-insulaire de Tyr devait amener sur le continent pour le remettre aux rois assyriens.

5.43*
Vers 700 av. J.-C., au moment ou Sennachérib faisait graver pour la postérité, les scènes de son triomphe sur la ville de Lakish, quelques mots étaient inscrits sur le linteau d'une tombe, découverte à Siloé dans Jérusalem. Elle porte le nom d'un intendant du roi ; il est possible que cet intendant ait été Shebna (dont le chapitre 22 d'Ésaïe dit qu'il était haut fonctionnaire à la cour du roi Ézéchias).

5.44, 45*
Des fouilles récentes entreprises à Jérusalem ont mis au jour une tombe qui date, pense-t-on, du VIIIe ou VIIe siècle av. J.-C. Cette petite cruche délicatement polie, en forme de grenade, date environ de 700 av. J.-C. Il est possible qu'elle ait été spécialement fabriquée pour être mise dans un temple, ou pour orner la maison d'un riche.

Chapitre 6

« BABYLONE LA GRANDE »

La puissance de l'Assyrie qui domina tous les pays du Proche-Orient au VIIIe siècle av. J.-C. fut de courte durée. En 612, les Babyloniens s'emparèrent de la capitale assyrienne, Ninive, et le petit royaume de Juda eut dès lors de nouveaux maîtres à redouter.

Les prophètes de l'Ancien Testament déclarèrent clairement que l'anéantissement du royaume d'Israël par les Assyriens avait été un jugement divin qui était venu sanctionner son refus réitéré d'écouter sa voix et de revenir à lui. Les rois d'Israël n'avaient cessé d'entraîner le peuple loin de Dieu en introduisant dans leur royaume les cultes idolâtres des nations voisines. Si Juda ne comprenait pas la leçon, il connaîtrait à son tour l'invasion et la conquête — babyloniennes — cette fois.

Le prophète Jérémie essaya désespérément de sensibiliser le peuple aux avertissements de Dieu — en vain.

En 597, le roi Nabuchodonosor II s'emparait de Jérusalem. Dix ans plus tard, à la suite d'une rébellion, il détruisait la ville et son temple, pillait ses trésors et emmenait ses habitants en captivité.

Comme Ramsès II en Égypte et Salomon en Israël, Nabuchodonosor fut aussi grand bâtisseur que grand chef militaire. Il fit reconstruire Babylone, sa capitale située sur les rives de l'Euphrate, dans le Sud de l'Iraq actuel. Dans la Bible, le livre de Daniel — un prophète exilé — témoigne de la puissance de Nabuchodonosor mais aussi de sa mégalomanie :

« N'est-ce pas ici Babylone la grande, que j'ai bâtie, comme résidence royale, par la puissance de ma force et pour la gloire de ma magnificence ? » Tant d'orgueil n'allait pas empêcher la ville d'être abandonnée et de tomber peu à peu en poussière. Il va nous falloir, dans ce 6e chapitre faire appel à diverses reconstitutions pour pouvoir saisir quelque chose de la gloire qui fut autrefois celle de Babylone.

6.1*
Au VIIIe siècle av. J.-C., la grande puissance septentrionale du Proche-Orient ancien était l'Assyrie. Mais en 612, les Babyloniens s'emparèrent de la capitale assyrienne Ninive, et devinrent les nouveaux maîtres de cette région du monde.

Vue aérienne de l'ancienne Babylone sur les rives de l'Euphrate. On remarquera, au premier plan, la grande ziggourat d'Éténanki.

6.2*
Cette petite tablette d'argile de 8 cm de haut date du VIe siècle et fit partie des Chroniques babyloniennes des années 605 à 594 av. J.-C. Les Chroniques rapportent — entre autres événements — la défaite égyptienne à la bataille de Karkémish en 605, l'accession au trône du roi Nabuchodonosor II de Babylone et la défaite du royaume de Juda en 597 suivie de la nomination à Jérusalem du roi fantoche Sédécias.

6.3*
Ces pointes de flèches en bronze datent d'environ 600 av. J.-C. Elles ont été découvertes à Karkémish où se déroula la bataille décisive qui opposa le Pharaon Néco d'Égypte à l'armée babylonienne conduite par Nabuchodonosor.

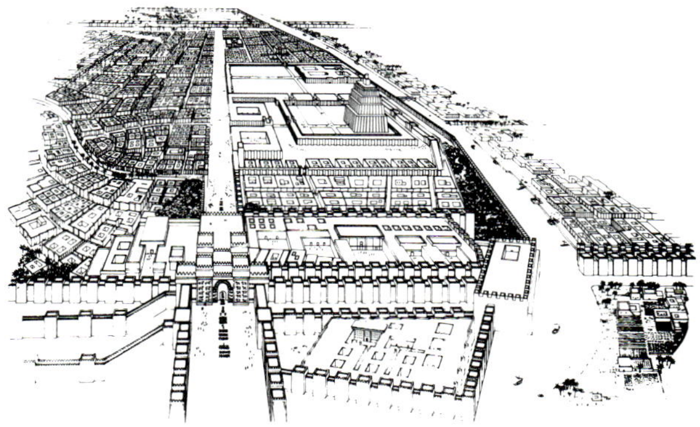

6.4
Le roi Nabuchodonosor II fit reconstruire une grande partie de Babylone. Un fossé de protection de 80 mètres de large entourait la ville. Le roi fit édifier un rempart constitué de 2 murs parallèles d'une longueur de 8 km et d'une largeur telle que des chars pouvaient y circuler. Ces murs étaient ponctués de huit portes fortifiées. Sur ce dessin, on peut voir la Voie processionnelle qui reliait la porte d'Ishtar au Temple de Marduk.

6.5*
La porte d'Ishtar telle qu'elle se dressait à l'époque du roi Nabuchodonosor. Elle était décorée d'animaux magiques montés en relief sur la maçonnerie de briques. Les animaux de couleur jaune et marron se détachaient sur un fond de briques émaillées bleu.

6.6
Taureau en briques émaillées de la porte d'Ishtar à Babylone.

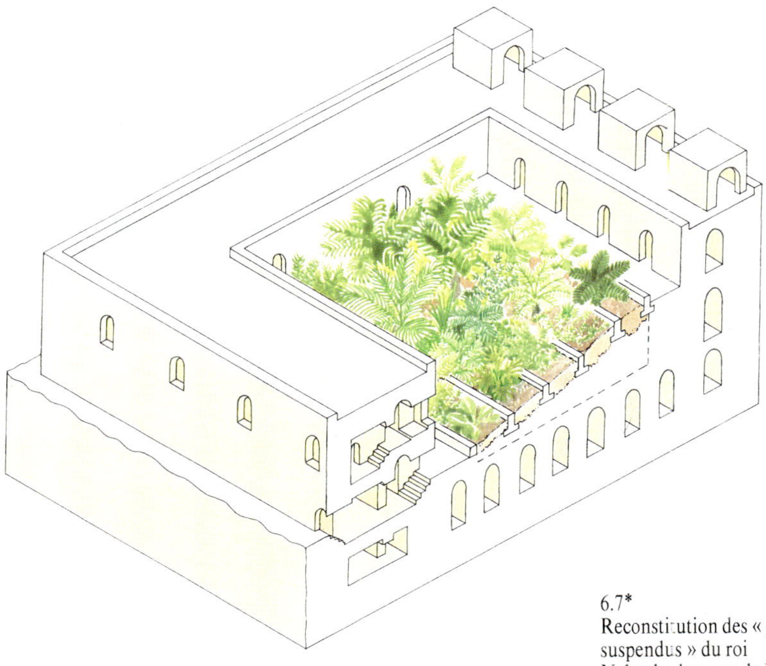

6.7*
Reconstitution des « jardins suspendus » du roi Nabuchodonosor de Babylone. Ces jardins faisaient partie des 7 merveilles du monde antique.

6.8*
À Jérusalem, le roi Sédécias, ignorant les avertissements du prophète Jérémie, s'engagea dans une politique d'intrigues aux côtés des Égyptiens. Les Babyloniens se remirent une fois de plus en marche vers le Sud et assiégèrent Jérusalem qui tomba en 587 av. J.-C. Le temple fut pillé et détruit.

Tous ces événements sont rapportés dans la Bible. Comme au temps des Assyriens, la ville de Lakish eut une nouvelle fois à souffrir de la rébellion de Jérusalem. Les archéologues y ont découvert des murs brûlés et divers ustensiles cassés. Dans le corps de garde, on a retrouvé, sur des morceaux de poteries brisées, une série de dix-huit notes et communications parmi lesquelles les messages qu'un soldat judéen adressa à son officier commandant Lakish quelques jours avant la chute de la ville, alors que les forces babyloniennes apparaissaient à l'horizon.

6.9*
Les Chroniques babyloniennes déclarent que Nabonide — représenté sur cette stèle — fut le dernier roi de Babylone.

6.10*
Cette tablette des Chroniques babyloniennes raconte le règne de Nabonide et la chute de Babylone devant les Perses conduits par Cyrus (539 av. J.-C.).

SPLENDEURS PERSES

et le retour en Juda

Les exilés du royaume de Juda — et parmi eux les prophètes Daniel et Ézéchiel — se trouvaient en captivité à Babylone depuis 50 ou 60 ans, quand se produisit un retournement de situation : en 539 av. J.-C., Babylone tombait à son tour sous les coups conjugués des Mèdes et des Perses conduits par Cyrus II le Grand. Assyriens et Babyloniens avaient toujours eu pour politique de déporter les populations vaincues pour les remplacer dans leurs pays par de nouveaux habitants. Cyrus procéda de manière diamétralement opposée : il rendit leur patrie à tous les exilés et les aida même à rétablir le culte qu'ils rendaient à leurs dieux.

Un groupe de juifs exilés, profitant de la clémence de Cyrus, décida de retourner à Jérusalem pour y reconstruire le temple et y rétablir le culte. Plus tard, un second groupe prit à son tour le chemin du retour. Ces événements sont rapportés dans le livre d'Esdras. Sur place, les exilés eurent à faire face à une forte opposition de la part des nouveaux occupants du pays. Il fallut toute la capacité et toute la consécration d'un homme tel que Néhémie — mais aussi la permission du roi perse Artaxerxès — pour reconstruire les murs de Jérusalem et redonner à la ville un peu de son ancienne grandeur. Il existe dans la Bible un troisième livre qui se rapporte à cette période perse, celui d'Esther.

L'empire perse fut beaucoup plus étendu que les empires qui l'avaient précédé. Il s'étendait, à l'Ouest jusqu'à la Turquie actuelle et l'Égypte et à l'Est jusqu'aux Indes. Les souverains perses régnèrent sur cet immense empire pendant deux siècles. Chaque province avait son propre gouverneur et un nouveau système postal fut mis en place pour faciliter les communications. L'araméen, qui était la langue dans laquelle les fonctionnaires assyriens s'étaient adressés au roi Ézéchias, était la langue internationale diplomatique de l'empire perse.

Ce 7e chapitre sera essentiellement consacré au magnifique palais que le roi Darius 1er se fit construire à Persépolis, et aux trésors qui furent découverts dans la rivière de l'Oxus. La vue de ces merveilles aidera à faire revivre ces splendeurs perses évoquées dans le livre d'Esther.

7.1*
En 539 av. J.-C., Cyrus II de Perse s'empara de Babylone. Cet événement allait revêtir une importance particulière pour les Juifs — et les peuples exilés en général —, en ce sens qu'il allait entraîner un changement de politique à leur égard. Cyrus ordonna en effet le rapatriement des exilés. Il leur restitua en outre tout ce qui avait été pris dans leurs temples et les aida à rétablir leurs cultes.

La fin du second livre des Chroniques et le 1er chapitre du livre d'Esdras citent tous deux le décret royal.

Il y a environ un siècle, on découvrit à Babylone un cylindre d'argile de 25 cm de long — connu désormais sous le nom de Cylindre de Cyrus — qui datait de 536 av. J.-C. et qui racontait que Cyrus avait pris la ville par surprise, sans qu'il y ait eu combat, et qu'il avait renvoyé dans les villes d'où ils avaient été pris, les divers dieux des peuples conquis ainsi que ceux qui les servaient.

7.2
Cette tombe construite en blocs de pierre calcaire se trouve à Pasargades en Iran. Ce serait celle du roi Cyrus II de Perse.

7.5*
Sous le gouvernement perse, le centre administratif de l'empire passa de Babylone à Suse en Élam. Le célèbre garde perse en briques émaillées (500 environ av. J.-C.) ornait les murs du palais du roi Darius 1er à Suse.

7.3*
Ce cylindre de 3,7 cm de haut est un sceau du roi Darius. Il servait à un fonctionnaire vers 500 av. J.-C.

7.4*
Cette scène gravée à plus de 90 mètres du sol sur la falaise de Behistûn (près de Kermanshah en Iran), représente des rebelles se soumettant au roi Darius 1er. En déchiffrant, au milieu du siècle dernier, l'inscription qui l'accompagnait, Edward Hincks et Sir Henry Rawlinson donnèrent le coup d'envoi à l'étude du vieux perse et fournirent la clé qui permit par la suite de déchiffrer l'écriture cunéiforme babylonienne.

7.6, 7*
Après s'être fait construire un palais à Suse, Darius en commença un autre à Persépolis. Un large escalier de pierre menait à une cour. Les visiteurs gravissaient ensuite d'autres escaliers dont les murs étaient ornés de sculptures d'une grande finesse, et traversaient un portique avant d'accéder à une salle d'audience longue de 65 mètres et haute de 20 mètres. Là, dans un grand déploiement de faste, le roi siégeait sur son trône entouré de ses courtisans.

Cette reconstitution due à un artiste du XIXe siècle restitue quelque chose de la splendeur et la couleur qui furent sans doute celles du palais à l'époque du roi Darius.

7.8*
À Persépolis, le roi Darius lui-même s'est fait représenter (à droite) sur une colonne de pierre.

7.9*
Persépolis fut mise à sac par Alexandre le Grand, et la ville tomba peu à peu en ruines mais ce qu'il en reste suffit encore à témoigner de la splendeur et des proportions stupéfiantes des édifices. Au centre de la photo, le palais de Darius avec son grand escalier.

7.10, 11, 12, 13*
De longues files de personnages sculptés s'approchent du trône. Gardes et nobles perses, Mèdes et représentants des provinces de l'empire perse apportant chacun en tribut au roi des produits typiques de son pays.

7.14*
Dans la Bible, le livre d'Esther — dont l'histoire se passe sous le règne du roi Assuérus / Xerxès — décrit les merveilles du palais de Suse avec ses lits d'or et d'argent, et ses coupes d'or. En 1887, sur le site d'une ancienne ville établie sur les rives de l'Oxus (qui se jette en mer d'Aral-URSS), on découvrit dans l'eau un véritable trésor perse composé de nombreux objets précieux en or et en argent parmi lesquels se trouvait ce bracelet d'or.

7.15, 16*
Cette oie superbe en argent ciselé, aux yeux incrustés d'or, et ce bassin d'or battu des VIe ou Ve siècle av. J.-C. faisaient également partie du Trésor de l'Oxus.

Ce trésor était composé d'objets très divers qui étaient peut-être des offrandes à un dieu ou une déesse, destinées à un temple.

7.17*
Sur ce vase d'albâtre du Mausolée d'Halicarnasse se trouve gravé en vieux perse, en écriture cunéiforme babylonienne et en écriture hiéroglyphique égyptienne le nom du roi perse Assuérus / Xerxès. Le vase mesure environ 29 cm de haut.

7.18
L'empire perse s'étendait de la Grèce aux Indes. Le roi gouvernait en maître absolu : sa parole avait force de loi.

Chaque province avait son propre gouverneur, responsable devant le roi. Les communications étaient, bien entendu, d'importance vitale et de nombreux courriers se hâtaient le long des grandes routes portant d'une province à l'autre, les messages officiels dans des sacs diplomatiques semblables à celui que l'on peut voir ici. Le chapitre 5 du livre d'Esdras fournit un exemple du type de messages qui s'échangeaient : des fonctionnaires de la lointaine province de Juda demandent au roi Darius de confirmer officiellement son autorisation de reconstruire le temple de Jérusalem.

7.19*
Les gouverneurs de l'empire perse avaient affaire à toute une mosaïque de peuples qui parlaient tous des langues différentes. Mais dans tout l'empire, la langue des fonctionnaires royaux était l'araméen. C'est la langue dans laquelle cette lettre est écrite. L'araméen avait également été la « langue officielle » de l'empire assyrien. « Parlez-nous en araméen » avaient demandé les représentants du roi Ézéchias aux envoyés du roi assyrien Sennachérib (2 R 18), « ne nous parlez pas en hébreu à cause de tous les gens qui sont en train de nous écouter ».

Dans les chapitres 4 à 7 du livre d'Esdras, les lettres adressées au roi de Perse et les réponses reçues sont rapportées — comme on pouvait s'y attendre — en araméen.

Chapitre 8

L'INFLUENCE DE LA GRÈCE

Entre l'Ancien et le Nouveau Testament : l'expansion de la culture hellénistique

Les livres bibliques d'Esdras, Néhémie et Esther couvrent le dernier siècle de l'histoire de l'Ancien Testament jusqu'à l'an 433 av. J.-C. environ. Plusieurs siècles s'écouleront avant que ne s'ouvre le Nouveau Testament. Cette période est en partie couverte par les livres deutérocanoniques (les Apocryphes). Pour bien comprendre le contexte historique du Nouveau Testament, il est nécessaire de connaître quelque peu l'histoire de Juda pendant ces 4 siècles.

En 490 av. J.-C., les Grecs furent vainqueurs des Perses à Marathon. Pour la première fois, la suprématie perse se vit menacée. Mais il fallut attendre encore plus d'un siècle avant que l'armée d'Alexandre ne commence à démanteler l'empire perse. Dix ans plus tard, la Grèce étendait sa domination sur tous les territoires compris entre l'Égypte et l'Inde. En 323 av. J.-C., Alexandre mourait ; il n'avait que 32 ans. Son empire fut partagé entre ses quatre généraux. Les souverains séleucides, établis à Antioche en Syrie, régnèrent sur la Palestine, et les Ptolémées sur l'Égypte. La domination grecque fut très différente des dominations précédentes ; les Grecs, en effet, ne voulaient pas seulement dominer mais « infuser » à ceux qui leur étaient soumis la culture et les idéaux grecs (hellénistiques) — lesquels avaient d'ailleurs de quoi séduire.

Le grec remplaça l'araméen comme langue internationale. On vit se multiplier un peu partout des villes conçues sur le modèle des cités grecques, possédant chacune sa place publique (agora), son théâtre — où des représentations étaient données à l'occasion de fêtes religieuses —, ses temples et ses bâtiments publics. En Palestine, l'influence de la pensée et de la culture grecques pénétra profondément la société juive. Cette influence subsista même après que la domination grecque ait laissé place à la domination romaine. Les récits du Nouveau Testament le prouvent à l'évidence.

Les premiers documents présentés dans ce 8e chapitre montreront la gloire de la Grèce classique ; une série de peintures sur vase illustrera différents aspects de la vie grecque ; des photographies d'une région voisine de la Galilée — la Décapole — témoigneront de l'influence hellénistique en Palestine à l'époque néo-testamentaire.

8.1*
Dominant l'acropole d'Athènes, le Parthénon est l'une des grandes gloires de l'architecture grecque.

8.2
Cavaliers — Frise du Parthénon a Athènes.

8.3*
Frise sculptée sur le monument des Néréïdes à Xanthos et représentant une attaque de la ville (400 environ av. J.-C.).

8.4
Les modes changent mais la nature humaine reste la même. Cette scène sculptée en bas d'une statue grecque représente des jeunes de l'époque en train d'exciter l'un contre l'autre un chien et un chat (510 environ av. J.-C.).

8.5, 6*
Parti de Macédoine en Grèce, Alexandre, alors âgé de 31 ans — représenté ici sur une mosaïque d'Issus — lança son armée à travers le Proche-Orient en direction de la Perse. Lorsqu'il mourut en 323 av. J.-C., à l'âge de 33 ans, son empire s'étendait à l'Est jusqu'à l'Indus et au Sud jusqu'en Syrie et en Égypte. Il n'avait pas eu pour seul but la conquête mais la diffusion de la culture et de la pensée grecques.

Conséquence des conquêtes d'Alexandre, la langue grecque remplaça l'araméen comme langue internationale, et la manière de vivre grecque se répandit partout. Cette série de peintures sur vase illustre plusieurs aspects de la vie grecque.

À droite, sur cette amphore de Camire datant de 520 av. J.-C., une course de chars. Nos jeux olympiques modernes sont issus des anciens jeux grecs, lesquels étaient liés à des fêtes religieuses.

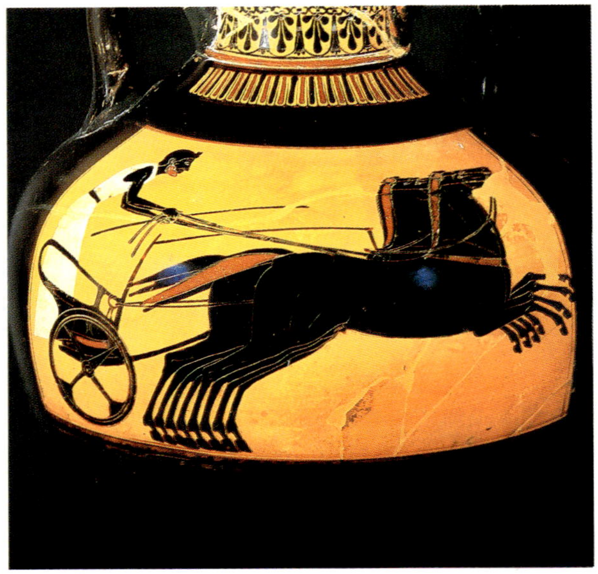

8.7
Sur cet autre vase grec (470 environ av. J.-C.) des coureurs de fond approchent de la borne qui marque le virage.

8.8*
Sur ce vase du VIe siècle, les spectateurs applaudissent au moment où le personnage qui est assis reçoit la couronne.

8.9*
La musique et les arts occupaient une grande place dans la culture grecque. Sur ce vase de Vulci (à droite) datant de 440 environ av. J.-C., Terpsichore, la muse de la danse et du chant joue de la harpe. Melousa tient une flûte double (anlos) et Musaios une lyre.

8.10*
Une scène de la vie quotidienne : des femmes viennent remplir leur cruche à la fontaine. Vase de 520 environ av. J.-C.

8.11*
Navires marchands et navires de guerre contribuèrent, chacun pour leur part, à la croissance de l'influence grecque (vase de 540 environ av. J.-C. à droite).

8.12*
À travers tout l'empire, des villes s'organisèrent sur le modèle grec. L'influence grecque fut particulièrement forte en Syrie et en Palestine où les généraux d'Alexandre assurèrent le commandement dès sa mort. Elle continua à se faire sentir après l'arrivée des Romains. Aujourd'hui encore, les ruines des villes magnifiques qui furent construites un peu partout par les Grecs demeurent impressionnantes.

À gauche, la ville de Palmyre en Syrie (IIe ou IIIe siècle av. J.-C.).

8.13*
Les colonnes massives d'un temple du Ier ou du IIe siècle av. J.-C. s'élèvent encore à Baalbek au Liban (à droite). Dans le lointain, des montagnes enneigées forment une toile de fond à la ville.

8.14, 15*
À peu près à l'époque de la naissance de Jésus, dix villes grecques situées au Sud de la mer de Galilée et (pour la plupart) à l'Est du Jourdain formèrent une ligue à la fois commerciale et de défense. Connues sous le nom collectif de Decapolis ou Dix Villes, elles comprenaient Gerasa (à droite) et Gadara (ci-dessous) actuellement en territoire Jordanien. Les habitants de cette région — que Jésus visita au cours de son ministère — se joignirent « aux foules qui le suivaient ».

8.16
Pella faisait également partie des Dix Villes (Décapole). Le site est en cours d'excavation.

8.17*
Toute grande ville construite sur le modèle grec possédait sa place du marché et son théâtre. Les théâtres grecs étaient conçus de manière à pouvoir accueillir les foules énormes qui s'y réunissaient lors des fêtes religieuses annuelles au cours desquelles étaient données des représentations théâtrales. À gauche, le théâtre de la ville de Bet-Shân, rebaptisée Scythopolis une fois hellénisée.

8.18*
L'influence de la religion grecque — avec son panthéon de dieux — s'étendit en même temps que la culture grecque. Les Romains annexèrent, entre autres choses, ces dieux en se contentant de leur donner des noms romains.

Cette copie hellénistique d'une sculpture du IVe siècle av. J.-C. représente Zeus, le roi des dieux.

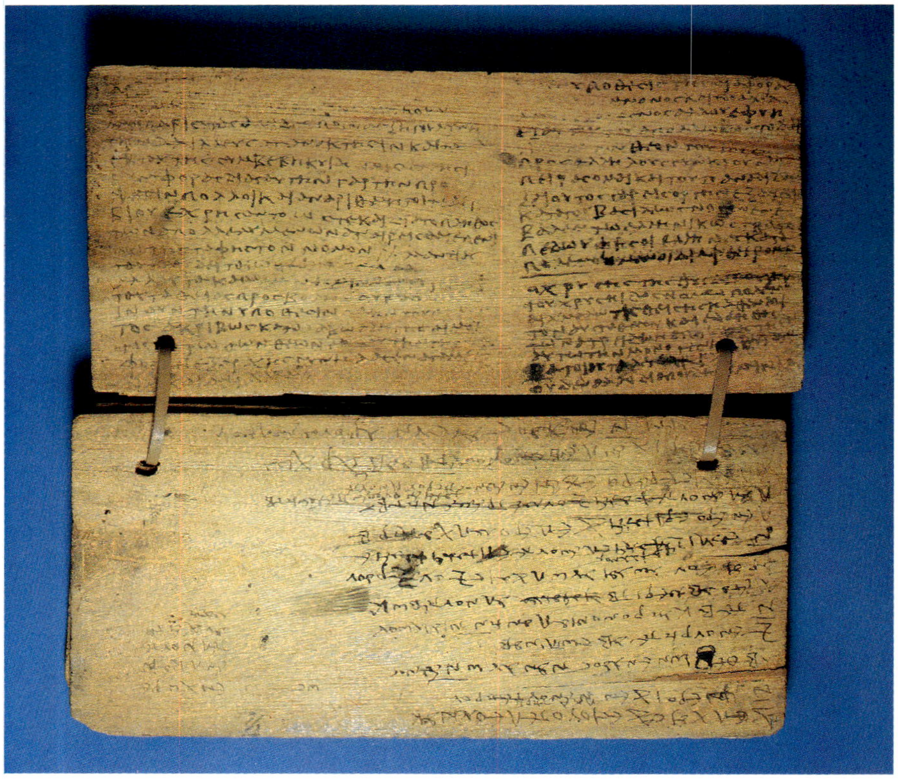

8.19*
Le grand facteur d'unification de l'empire grec fut la langue grecque qui, réduite à l'état de sabir, rendit possible la communication entre des hommes de races et de langues différentes. C'est en grec usuel *(koine)* que furent rédigés les évangiles et les lettres du Nouveau Testament : leur message put, de ce fait, être immédiatement compris de l'Est à l'Ouest et du Nord au Sud de l'immense empire romain.

Ces pages de bois (ci-dessus) faisaient partie du livre de classe d'un écolier grec.

Chapitre 9

TEMPLE ET SYNAGOGUE

Le contexte religieux du Nouveau Testament

Pour bien comprendre le Nouveau Testament, il est bon de connaître quelque chose du contexte religieux juif de l'époque. Depuis le jour où Dieu appela pour la première fois Abraham à devenir le père d'une nation nouvelle, la foi fut l'élément central de la religion juive. Le peuple d'Israël était le peuple de Dieu, tenu, en tant que tel, d'obéir à ses lois et de l'adorer — dans le tabernacle puis dans le temple — en se conformant aux instructions qu'il avait reçues de lui. Une alliance le liait à Dieu qui était son véritable roi. Et cette réalité profonde subsista en dépit de la désobéissance du peuple, du jugement de Dieu et de l'exil qui s'ensuivit. Mais la situation avait changé : le temple était détruit, les fêtes et les sacrifices interrompus et les exilés loin de leur patrie. Au cours de ces temps d'épreuve, de nouvelles formes d'adoration firent leur apparition, centrées cette fois sur la synagogue locale. C'est là que les enfants furent instruits dans la foi par les docteurs de la Loi, c'est là que sabbat après sabbat, le peuple put se rassembler pour écouter la lecture et l'explication des Écritures et adorer Dieu par la prière et le chant.

Puis les exilés revinrent dans leur pays. Le temple fut reconstruit, les fêtes et les sacrifices rétablis. Mais la synagogue resta le lieu de rencontre privilégié de la communauté locale et l'on ne se rendit plus à Jérusalem qu'une ou deux fois par an, à l'occasion de grandes fêtes — quand la chose était possible.

Et c'est cette forme de vie religieuse qui transparaît dans les Évangiles. Enfant, Jésus se rendit à Jérusalem avec Marie et Joseph pour célébrer la Pâque. Devenu homme, il commença son ministère dans la synagogue locale. Sa vie, enfin, s'acheva à Jérusalem, à la veille d'une nouvelle Pâque. Les Évangiles parlent souvent des docteurs de la Loi et de deux « partis » religieux : les Pharisiens, stricts observateurs de la Loi et les Sadducéens, conservateurs mais très compromis politiquement.

Ce 9e chapitre présentera d'abord quelques « signes extérieurs » de la soumission personnelle aux lois de Dieu. On y trouvera ensuite une reconstitution du temple édifié par le roi Hérode et démoli par les Romains ; ce chapitre s'achèvera enfin avec des photos de deux synagogues : une synagogue reconstituée et une synagogue en ruine : celle de Capharnaüm.

9.1
Le son du *shofar* qui est une trompette faite en corne de bélier a de tout temps appelé le peuple de Dieu aux grandes fêtes religieuses. À droite, un juif orthodoxe fait retentir le *shofar* sur le mur Ouest de Jérusalem. Aujourd'hui, le *shofar* appelle encore le peuple à venir adorer Dieu à la synagogue, la veille de la fête du Grand Pardon (le *Yom Kippur*).

9.2*
« Vous imprimerez dans votre cœur et dans votre âme les commandements que je vous donne. Pour ne pas les oublier, vous les attacherez sur votre bras et sur votre front. Vous les enseignerez à vos enfants... Vous les écrirez sur les montants de porte de vos maisons et sur les portes de vos villes ».

Tels furent les ordres de Moïse, rapportés en Dt 11. À l'époque du Christ, les Pharisiens, qui étaient de stricts observateurs de la Loi, y obéissaient à la lettre — comme y obéissent encore aujourd'hui les Juifs orthodoxes. Ce jeune garçon juif a été photographié près du mur Ouest de Jérusalem lors de sa Bar Mitzvah (qui, dans la communauté religieuse juive, marque l'entrée de l'enfant dans le monde des adultes). Il porte sur les épaules un châle de prière et sur le front une petite boîte (phylactère) qui contient des passages de la loi de Dieu.

Dans les phylactères que portent les Juifs orthodoxes se trouvent de petits rouleaux sur lesquels sont écrits 4 passages de la Loi : Ex 13:1-10 et 11-16, Dt 6:4-9 et 11:13-21.

9.3*
Ce *mezuzah* de bois contient un rouleau de parchemin sur lequel sont écrites des paroles du Deutéronome (6:4-9 et 11:13-21). Les Juifs orthodoxes le fixent sur le côté de la porte de leur maison, obéissant ainsi de manière littérale au chapitre 11 du Deutéronome.

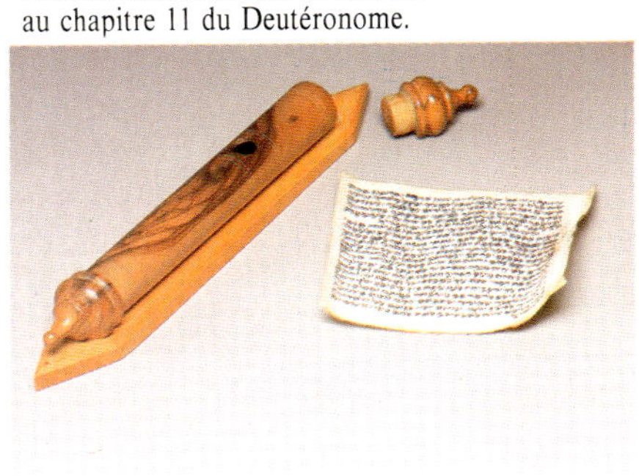

9.4*
Depuis l'époque où le roi Salomon construisit le premier temple, Jérusalem, la cité de Dieu, devint le centre et le lieu privilégié de la religion juive. Les Musulmans construisirent le Dôme du Rocher à l'endroit où, selon la tradition, Abraham se disposa à sacrifier Isaac et où, des siècles plus tard, Salomon construisit le premier temple.

9.5
Le temple de Salomon fut détruit par les Babyloniens. Les Juifs exilés qui revinrent dans leur pays à l'époque des rois perses, en construisirent un second, beaucoup moins beau que le premier.

En 19 av. J.-C. le roi Hérode le Grand commença la construction d'un troisième temple. L'essentiel du bâtiment fut achevé en 10 ans, mais les travaux se poursuivirent jusqu'en 64 ap. J.-C.

Ce dessin du temple a été réalisé par un architecte d'après divers plans et reconstitutions. Les docteurs de la Loi enseignaient sous les colonnades de la cour extérieure. C'est là aussi qu'ils organisaient des débats et controverses (c'est d'ailleurs à cet endroit que Marie et Joseph retrouvèrent Jésus lors de sa première visite à Jérusalem). C'est là, enfin, que les marchands et les changeurs de monnaie tenaient boutique (Jésus renversa un jour leurs tables, avec colère, car il savait que ces hommes trompaient le peuple et faisaient de la Maison de Dieu une « caverne de voleurs »).

À l'intérieur, dans la cour des Femmes, se trouvaient les troncs qui recevaient les offrandes destinées à payer les dépenses du temple (c'est là que Jésus vit une veuve qui donnait ses dernières pièces et qu'il opposa la générosité de cette pauvre femme aux dons ostentatoires des riches qui, bien que beaucoup plus importants, leur demandaient bien moins de sacrifices).

Seuls les hommes avaient le droit de gravir les degrés qui menaient à la cour d'Israël, mais la cour intérieure qui entourait le sanctuaire était le domaine réservé des prêtres.

Le temple lui-même était construit sur le même plan que le temple du roi Salomon : à l'intérieur, deux pièces étaient séparées par un rideau — « le voile du temple » — qui, selon les évangiles, se déchira du haut jusqu'en bas au moment de la mort du Christ sur la croix. En expiant le péché des hommes, il offrait à tous un accès direct à Dieu.

En 70 ap. J.-C., ce superbe édifice de pierres blanches et d'or fut totalement détruit par les Romains, comme le Christ l'avait annoncé. Il y avait six ans qu'il était terminé.

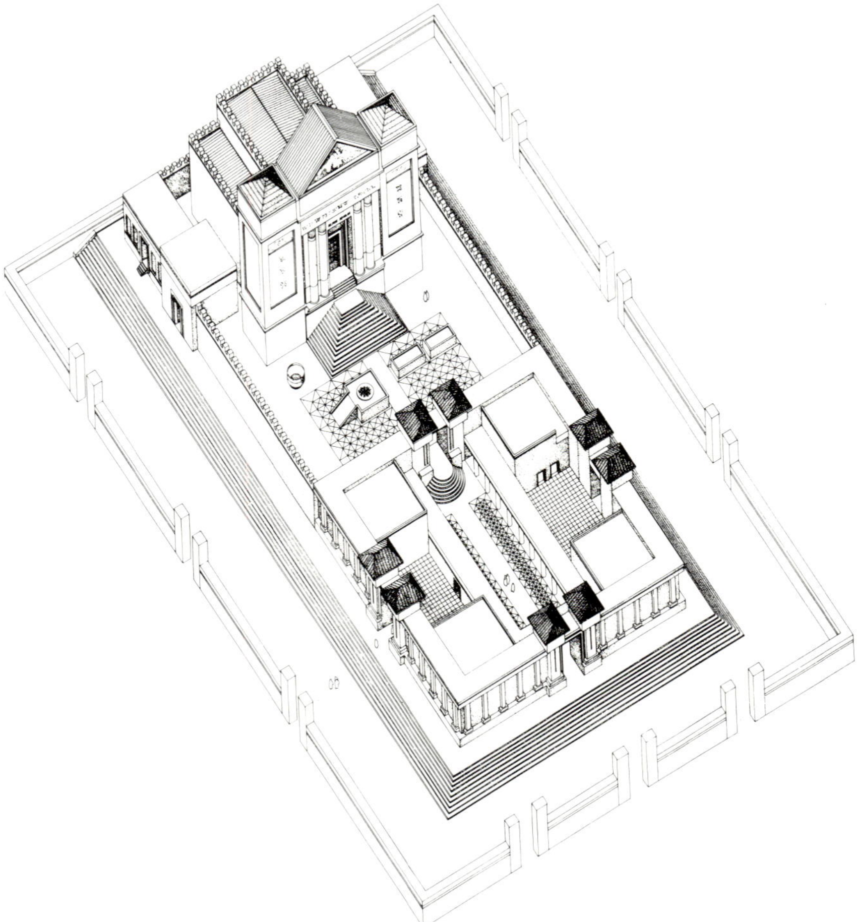

9.6*
D'énormes blocs de maçonnerie hérodienne sont encore visibles à l'angle Sud-Est du mur de la ville.

9.8*
Les Juifs seuls avaient le droit de franchir la cour extérieure du temple. Des avertissements rédigés en grec et en latin interdisaient l'accès du temple aux étrangers sous peine de mort. Le livre des Actes raconte l'émeute qui éclata le jour où les Juifs crurent que l'apôtre Paul avait emmené avec lui un de ses amis grecs dans le temple.

En 1871, on découvrit à Jérusalem, gravé sur une pierre calcaire, un de ces avis rédigé en grec. Un fragment d'un second avis fut découvert en 1936.

9.7*
Sur l'Arc de Triomphe de Titus à Rome, on peut voir des soldats romains emporter le grand chandelier et d'autres trésors du temple après le sac de Jérusalem en l'an 70.

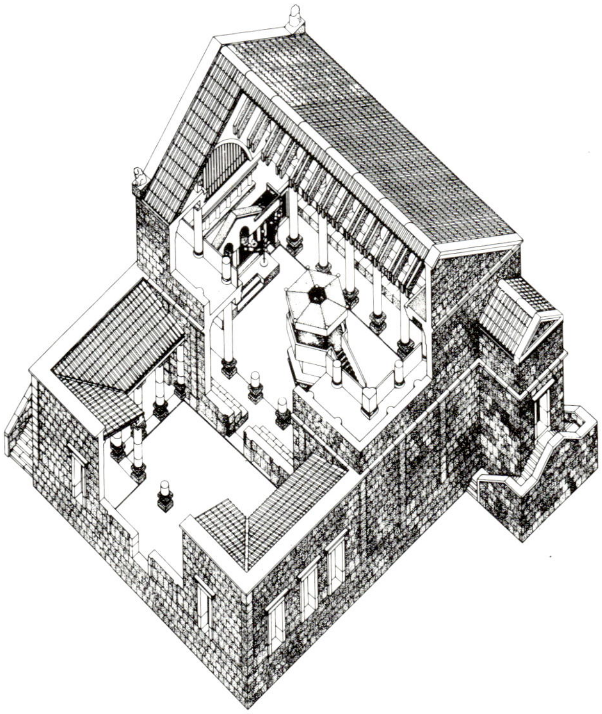

9.9*
Une nouvelle forme de rassemblement religieux prit naissance à l'époque de l'exil, alors que le temple était détruit et que le peuple se trouvait éloigné de Jérusalem. Des groupes de Juifs (comprenant au moins 10 hommes) formèrent des congrégations locales ou synagogues. Le jour du sabbat, ou lors des fêtes, les Juifs s'y retrouvaient pour prier et lire la loi de Dieu.

La synagogue devint le centre de la communauté juive locale et le lieu où les garçons furent instruits dans la foi. Au Ier siècle, partout où vivaient des Juifs, existaient des synagogues.

C'est dans la synagogue de Nazareth que Jésus lut un passage du rouleau d'Ésaïe « L'Esprit du Seigneur est sur moi... » et qu'il fit à ses auditeurs cette déclaration stupéfiante : « Aujourd'hui, cette parole de l'Écriture est accomplie ». Lorsqu'il allait de ville en ville pour annoncer la Bonne Nouvelle, Paul commençait toujours par se rendre à la synagogue locale afin de s'adresser aux Juifs.

Cette maquette est celle d'une synagogue relativement riche du IIIe ou IVe siècle. À l'une des extrémités se trouve l'arche ou le tabernacle contenant les rouleaux des Écritures hébraïques. Les hommes se tenaient debout autour de la chaire centrale d'où un des assistants lisait et commentait les Écritures. Les femmes étaient généralement séparées des hommes ; une galerie leur est ici spécialement réservée.

9.10*
En Luc 7, il est question d'un centurion que le peuple demanda à Jésus d'aider parce qu'« il aime notre nation et c'est lui qui a bâti notre synagogue ». On peut encore voir à Capharnaüm les restes d'une synagogue, mais ils remontent tout au plus au IIIe siècle.

9.11, 12, 13*
La synagogue de Capharnaüm présente assez curieusement un mélange de style architectural romain et de symbolisme juif très caractéristique : grappe de raisin et étoile juive ; chapiteau sculpté où l'on distingue un chandelier à sept branches, un *shofar* et une spatule à encens et un palmier.

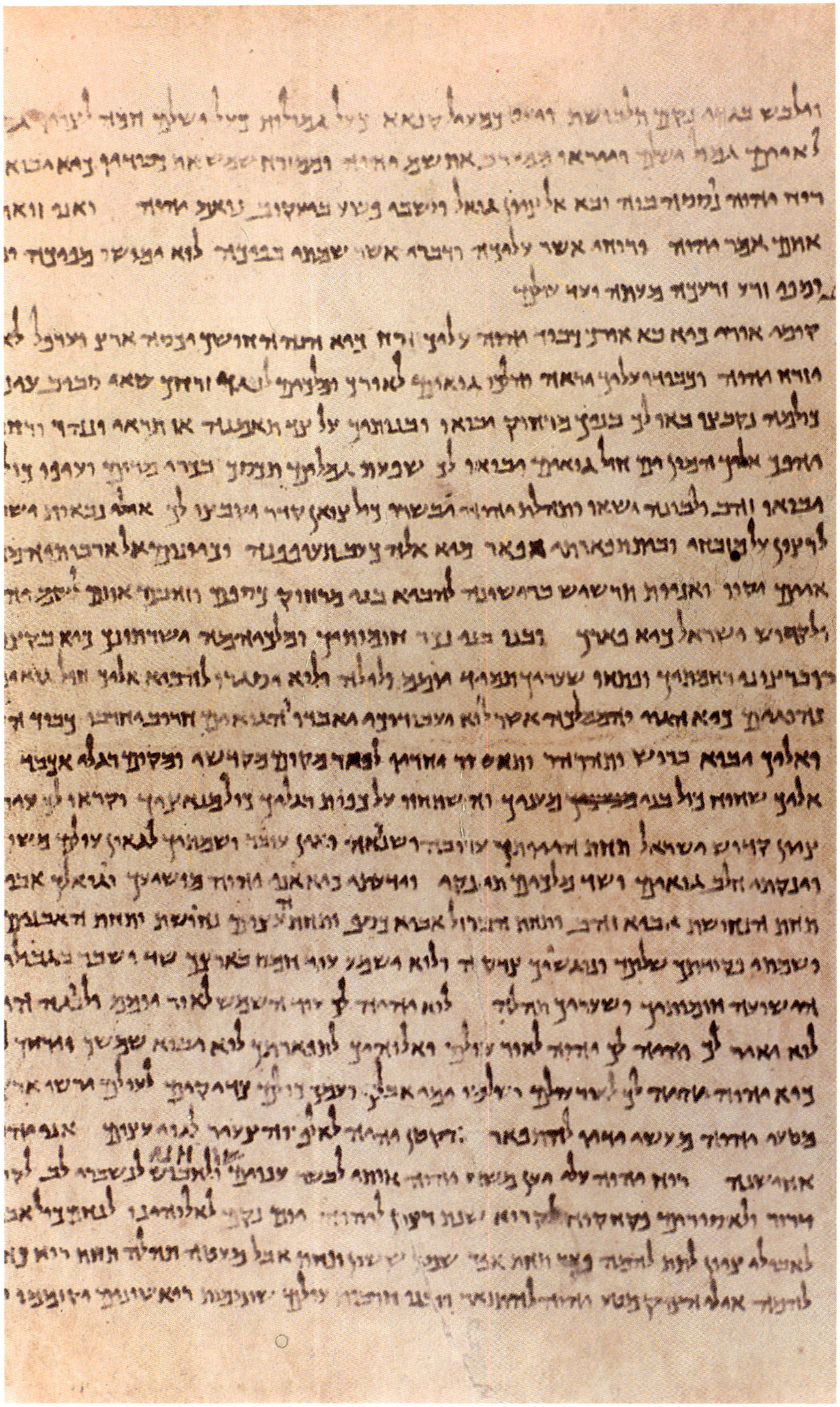

9.14*
Le 11 avril 1948, les journaux annoncèrent à la une « la plus grande découverte de manuscrits des temps modernes ». À Qumrân, sur les bords de la mer Morte, des bergers avaient découvert, cachés dans une grotte, des rouleaux de cuir manuscrits. La langue utilisée était l'hébreu. L'un de ces rouleaux était une copie du livre d'Ésaïe qui se révéla de plus de 1 000 ans plus ancienne que toute autre copie du texte biblique existante. Un de ces rouleaux de cuir comportait 54 colonnes d'écriture hébraïque et mesurait 7,34 m de long sur 26 cm de haut. Il était composé de 17 feuilles de cuir cousues bout à bout. Les savants qui le déchiffrèrent s'aperçurent que le texte hébreu sur lequel étaient basées les traductions modernes de la Bible, était demeuré quasi inchangé depuis l'époque du Christ.

9.15*
Quelques-uns des « manuscrits de la mer Morte » furent découverts dans ces grottes qui se trouvent juste en face des bâtiments monastiques.

9.16, 17*
Les manuscrits découverts à Qumrân constituaient la bibliothèque de la communauté monastique essénienne qui connut son âge d'or au Ier siècle av. J.-C. Les membres de la communauté les cachèrent pour éviter qu'ils ne soient détruits au moment de la révolte juive. Photographie et plan de l'ensemble des bâtiments.

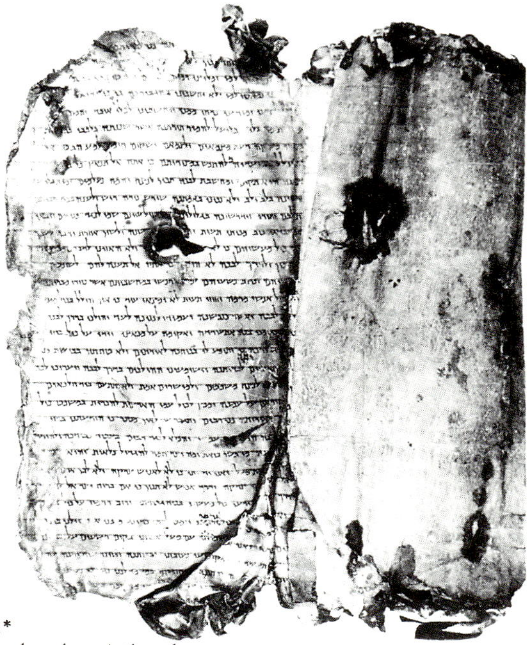

9.18*
Le rouleau des « Actions de grâces » de Qumrân, partiellement roulé.

9.19*
Il faut beaucoup d'habileté et de précautions pour éviter que le rouleau ne soit endommagé au moment de son ouverture.

Chapitre 10

OCCUPATION ET RÉSISTANCE

La domination romaine

Rome succéda à la Grèce comme première puissance mondiale et le centre du monde se déplaça vers l'Ouest. Corinthe tomba en 146 av. J.-C., Athènes en 86 et bientôt tout le bassin méditerranéen se trouva sous domination romaine. Pendant que Jules César combattait à l'Ouest, Pompée soumettait la Syrie et la Palestine à l'Est. Jérusalem fut occupée en 63 av. J.-C. L'héritage de la Grèce subsista néanmoins dans la culture hellénistique, dans la langue grecque et dans les villes construites sur le modèle grec. Les Romains eux-mêmes copièrent les théâtres grecs et adoptèrent les dieux grecs auxquels ils donnèrent des noms romains. Leurs garnisons omniprésentes imposèrent partout la paix et l'ordre. Quatre légions étaient stationnées dans la seule Palestine. Les Romains construisirent des routes et des aqueducs, des thermes et des amphithéâtres ; ils levèrent aussi de lourds impôts. En 27 av. J.-C., Octave reçut le titre d'« Auguste » et devint le premier empereur romain. Rome devint le siège du gouvernement de tout le monde méditerranéen.

Jésus-Christ naquit sous le règne d'Auguste — lequel mourut en 14 ap. J.-C. Mais il exerça son ministère, mourut et ressuscita sous le règne de son successeur : Tibère. Les voyages de Paul eurent lieu sous les règnes de Claude et de Néron.

La Palestine fut d'abord gouvernée par Hérode le Grand et ses trois fils. Mais l'un de ceux-ci, Archélaüs, fut destitué pour s'être rendu odieux en Judée, et Rome nomma à sa place un gouverneur romain (procurateur). Les premiers empereurs manifestèrent une volonté de respect et de compréhension envers leurs sujets. Mais les Juifs et leur religion étaient difficiles à comprendre. Ponce Pilate et les gouverneurs qui lui succédèrent s'acquittèrent de leur tâche avec une telle brutalité qu'ils soulevèrent la colère du peuple. Les Juifs finirent par entrer en rébellion ouverte contre Rome en 66 ap. J.-C. ; cette révolte dura quatre ans, jusqu'à ce que Titus décide finalement de détruire Jérusalem et son temple en 70 ap. J.-C.

Les documents qui figurent dans ce 10ᵉ chapitre concernent d'abord Rome et la vie romaine, puis la Palestine sous l'occupation romaine — entité qui constitue le contexte géographique et historique du Nouveau Testament. Ils concerneront enfin les forteresses du roi Hérode avec, parmi elles, celle qui constitua le dernier bastion de la résistance juive : Masada. Ce chapitre se terminera avec les images d'une civilisation remarquable, celle des Nabatéens, qui s'épanouit dans et autour de la ville de Pétra au dernier siècle avant et au premier siècle après Jésus-Christ.

10.1*
Les Romains commencèrent à étendre leur domination sur d'autres pays à partir du milieu du IIe siècle av. J.-C. Au Ier siècle, alors que Jules César combattait en Gaule, Pompée soumettait la Syrie et la Palestine. En 63 av. J.-C. il occupait Jérusalem. L'Est du bassin méditerranéen se trouvait désormais sous domination romaine.

Cette statue d'un consul romain symbolise à elle seule l'autorité de Rome.

10.3
Le Colisée de Rome fut construit en 80 ap. J.-C. Il pouvait accueillir plus de 45 000 spectateurs aux combats de gladiateurs ou aux reconstitutions de batailles navales qui y étaient organisées. Une gigantesque statue de l'empereur Néron qui se dressait tout près de l'amphithéâtre lui a donné son nom (Colisée : de Colosseum, colossal).

10.2
Forum (ou centre ville) de l'ancienne Rome avec, au premier plan : l'Arc de Triomphe de Septime Sévère et au fond le Temple de Castor et Pollux.

10.4*
Les forces militaires imposaient et maintenaient la paix romaine (*pax Romana*). Sur la colonne Trajane, érigée à Rome au début du IIe siècle ap. J.-C. figurent les scènes de la campagne de Dacie.

10.5
Navire de guerre romain du Ier siècle av. J.-C.

10.6*
César Auguste fut le premier empereur romain. Il régna de 27 av. J.-C. à 14 ap. J.-C. Ce fut sous son règne que parut « l'édit qui ordonna un recensement de toute la terre ». Dans la lointaine Palestine, Marie et Joseph se mirent donc en route pour Bethléem où, conformément à ce qu'avaient annoncé les prophètes, Jésus naquit.

10.7*
Lorsque l'apôtre Paul entreprit son premier voyage missionnaire, l'empereur Claude (ci-dessous) régnait sur l'empire romain. En 54, Claude mourut et le règne de Néron commença.

10.8
Cette tête de femme romaine donne une idée de l'extrême complication des coiffures des femmes riches du Ier siècle.

10.10
À droite, fresque représentant un groupe de musiciens de l'époque romaine. Naples.

10.9
Ces ravissants objets de verre romains ont traversé les siècles sans dommage. Ier ou IIe siècle ap. J.-C.

10.11
Les Romains sont restés célèbres pour leurs constructions, leurs thermes, leurs routes et leurs jeux du cirque. Un gladiateur orne cette lampe romaine découverte à Paphos, dans l'île de Chypre.

10.12
Peinture murale retrouvée à Pompéi et représentant une course de chars. Lorsqu'il écrivait à ses frères chrétiens pour les encourager, l'apôtre Paul illustre ses propos d'images empruntées au sport : image de l'athlète, image du conducteur de char. « J'oublie ce qui est derrière moi et m'efforce d'atteindre ce qui est devant moi. Ainsi je cours vers le but afin de gagner le prix que Dieu nous appelle à recevoir là-haut. » (Ph 3)

10.13*
Un des cultes étrangers qui marqua le plus le monde romain du Ier siècle fut un culte perse : le culte de Mithra qui devint d'ailleurs le dieu des soldats. Le mithriacisme fut pendant un moment un rival sérieux pour le christianisme. Cette sculpture représente Mithra en train de tuer le taureau.

10.14*
Les soldats des légions romaines maintenaient la paix dans tout l'empire. Les Juifs ne risquaient pas d'oublier un seul instant que la Palestine était un pays occupé : les soldats romains étaient partout.

10.15*
Maquette de la forteresse Antonia où était cantonnée la garnison romaine de Jérusalem. La forteresse était proche du temple, les troupes pouvaient intervenir rapidement en cas de troubles, ce qui fut d'ailleurs le cas lors de l'émeute qui aboutit à l'arrestation de Paul (Actes 21).

10.16
Les inscriptions gravées sur les monuments qualifient Hérode le Grand d'« ami de Rome » et d'« ami de César ». Il rebâtit la ville de Samarie et changea son nom en Sébaste (Auguste en grec). Il construisit également, dans le style romain, une nouvelle ville à laquelle il donna le nom de Césarée en l'honneur de l'empereur.

10.17*
Si les Romains firent — peut-être — confiance à Hérode, Hérode, lui, ne fit jamais confiance à personne. Il passa toute sa vie dans la crainte de Juifs qui le haïssaient. Pour assurer sa sécurité, il fit construire forteresse sur forteresse. À gauche, la forteresse de Machéronte qui se dresse en haut d'une colline à l'Est de la mer Morte. C'est là que Jean-Baptiste fut exécuté.

10.19*
Cette maquette donne une idée de ce qu'était le palais du roi Hérode à Jérusalem. Pour échapper aux rigueurs de l'hiver, Hérode fit également reconstruire un palais situé près de Jéricho. L'hiver, la température de Jéricho est en effet facilement supérieure de 10 °C à celle de Jérusalem.

10.18*
Cette vue aérienne montre bien la position défensive d'une autre de ces forteresses, celle d'Hérodium, qui était située dans les collines, au Sud de Jérusalem. À l'intérieur des murs, Hérode avait fait aménager un jardin, de nombreux bains, une salle à manger et des appartements privés. Un autre palais se trouvait au pied de la colline.

10.20, 21*
De 70 à 73 ap. J.-C., les rebelles menèrent leur dernier combat contre les Romains à Masada. Masada était une forteresse hérodienne construite sur un rocher, à l'écart de tout, dans la région désolée qui s'étend à l'Ouest de la mer Morte. Sur la photo aérienne, on peut voir la rampe que les Romains durent construire pour parvenir à s'en emparer. Mais leur victoire eut un goût amer. Lorsqu'ils purent enfin pénétrer dans la place, les soldats romains ne trouvèrent que des cadavres : les défenseurs de la forteresse avaient préféré se tuer avec toute leur famille plutôt que de se rendre.

10.22*
Dans les bains de Masada, les archéologues découvrirent à côté des squelettes d'un homme, d'une femme et d'un enfant, les tresses et les sandales de la femme et les restes d'un châle de prière.

10.23*
Au cours du dernier siècle av. J.-C. et du premier siècle ap. J.-C., une civilisation remarquable s'épanouit dans la région située au Sud-Est de la mer Morte : la civilisation nabatéenne. Pétra, la capitale des Nabatéens, était entourée de hautes falaises et de ravins profonds qui en faisaient une ville presque inexpugnable.

10.24*
Les Nabatéens contrôlaient d'importantes routes commerciales et prélevaient un droit de passage sur les produits de luxe — épices et soiries — que les marchands allaient chercher en Chine et aux Indes et ramenaient vers la Méditerranée pour répondre à la demande toujours croissante des Romains.

À gauche, une vue partielle du « Trésor », l'un des magnifiques tombeaux de Pétra taillés dans les falaises de roches rouges.

10.25
La région qui entoure Pétra est — c'est le moins que l'on puisse dire — inhospitalière. Mais les Nabatéens parvinrent à mettre en culture des terres jusque-là stériles. Leurs ingénieurs construisirent avec tant de compétence les divers systèmes d'irrigation, digues et réservoirs destinés à retenir l'eau que 2 000 ans plus tard, une bonne partie de ces aménagements est toujours utilisable.

SUR LES TRACES DE JÉSUS

Dans le Nouveau Testament, l'Évangile de Marc commence par ces mots : « Voici la Bonne Nouvelle qui parle de Jésus-Christ, le Fils de Dieu. Dans le livre du prophète Ésaïe il est écrit : Je vais envoyer mon messager devant toi, dit Dieu, pour t'ouvrir le chemin. C'est la voix d'un homme qui crie dans le désert : Préparez le chemin du Seigneur, faites-lui des sentiers bien droits. » Depuis que, 500 ans auparavant, les Juifs étaient revenus dans leur pays, après l'exil, ils n'avaient cessé de vivre sous une domination étrangère. Et depuis 500 ans, ils n'avaient cessé d'espérer la venue d'un Libérateur : le Messie que Dieu enverrait un jour, conformément aux prophéties d'Ésaïe et des autres prophètes de l'Ancien Testament.

Pour les auteurs des Évangiles, il ne faisait aucun doute que Jésus était bien le Messie promis, celui qui était venu accomplir les prophéties des temps anciens et que Dieu avait lui-même envoyé « au temps marqué ». Il fallait pourtant reconnaître — et les récits de sa vie étaient là pour en témoigner — que la délivrance qu'il avait apportée et la méthode qu'il avait employée pour le faire n'étaient pas de celles auxquelles chacun s'attendait. Les Juifs espéraient la venue d'un chef qui secouerait le joug romain ; or Jésus avait déclaré qu'il était venu pour libérer l'humanité du fardeau du péché, avec toutes les conséquences et la culpabilité qu'il engendrait, et pour lui offrir une vie nouvelle et abondante. Mais pour cela, il lui fallait mourir.

Ce 11e chapitre va nous permettre de suivre les traces de Jésus, du village de Bethléem où il naquit, à Nazareth où il grandit, des rives du Jourdain où il fut baptisé au désert de Judée où il fut tenté, de la Galilée où il exerça une grande partie de son ministère au pied de l'Hermon où il fut transfiguré, d'un puits de Samarie où il révéla à une femme sa messianité à Jérusalem et à la cour du temple où il passa les derniers jours de sa vie, de Gethsémani et Golgotha où il mourut à une tombe du Ier siècle, semblable à celle dont la pierre fut mystérieusement roulée au matin triomphal du jour où il ressuscita.

11.1*
En l'an 4 av. J.-C., ou un peu plus tôt, des mages venus d'Orient arrivèrent à Jérusalem à la recherche d'un roi nouveau-né. « Où les prophètes ont-ils dit que le Christ devait naître ? » demanda le roi Hérode aux docteurs de la loi. « À Bethléem, en Judée », répondirent-ils et ils citèrent les paroles du prophète Michée : « Et toi Bethléem, terre de Juda, tu n'es certes pas la moindre d'entre les principales villes de Juda car de toi sortira un chef qui paîtra Israël, mon peuple ».

La petite ville de Bethléem se trouve à 8 km au Sud-Ouest de Jérusalem. Elle est construite au sommet d'une colline cultivée en terrasses et plantées d'oliviers. Ce fut là que Jésus naquit, à cause d'un recensement ordonné par l'empereur romain Auguste, qui obligea Joseph et Marie à quitter Nazareth pour se rendre dans le Sud.

11.2, 3
Jésus grandit dans le Nord du pays, en Galilée, dans la ville de Nazareth où Joseph était charpentier. Nazareth était située près des grandes voies commerciales et près de la route qu'empruntaient les légions romaines. Les habitants de la ville étaient donc facilement en contact avec le monde extérieur. Après avoir été baptisé dans le Jourdain (à droite) Jésus se rendit, comme il en avait l'habitude, dans la synagogue de Nazareth le jour du sabbat. On lui tendit le rouleau du prophète Ésaïe, et il lut : « L'Esprit du Seigneur est sur moi parce qu'il m'a oint pour annoncer une bonne nouvelle aux pauvres, pour proclamer aux captifs la délivrance et aux aveugles le recouvrement de la vue. » Mais quand il déclara que ces paroles s'étaient réalisées avec sa venue, les habitants de Nazareth, furieux, se jetèrent sur lui.

11.4
Après son baptême, Jésus passa 40 jours, seul, dans le désert. Au milieu de ces collines désolées, il affronta une à une toutes les épreuves que Satan put imaginer pour le détourner du chemin tracé par Dieu.

11.5
Ce fut surtout dans les villes et les villages des vallées fertiles qui entourent le lac de Galilée que Jésus dispensa son enseignement et guérit les malades. Ce lac est loin d'être toujours paisible. Le vent s'engouffre parfois dans les collines et y déchaîne alors des tempêtes aussi violentes que soudaines. Le lac de Galilée mesure 21 km de long sur 11 de large et se trouve à 211 m sous le niveau de la mer. Le Jourdain le traverse du Nord au Sud et ses eaux fraîches sont très poissonneuses. À l'époque romaine la pêche alimentait un florissant commerce d'exportation.

En Galilée, Jésus enseignait en plein air. Il parlait aux foules assises autour de lui sur les pentes des collines, prenant ses exemples dans les scènes familières de la vie rurale : un fermier qui s'en va semer, un berger qui part à la recherche d'un agneau perdu. Dieu revêt les fleurs qui « ne travaillent ni ne tissent » de parures plus belles que celles que posséda jamais le roi Salomon dans toute sa gloire. Pourquoi, dans ces conditions, se faire du souci pour les besoins matériels ? Dieu les connaît. « Cherchez premièrement le royaume » disait Jésus, « et Dieu vous donnera toutes choses en plus ».

11.6*
D'après l'Évangile de Jean, c'est dans le village de Cana, en Galilée, que Jésus accomplit son premier miracle. Au cours du mariage d'un ami, le vin vint à manquer et Marie, la mère de Jésus, lui demanda son aide. Jésus changea alors en vin l'eau des grandes jarres de pierre que les Juifs réservaient aux ablutions rituelles.

11.7
Capharnaüm, sur la rive Nord-Ouest du lac de Galilée devint le « Quartier Général » de Jésus, à l'époque où il enseigna dans la région. Matthieu, le collecteur d'impôts qui devint l'un des amis les plus proches de Jésus, habitait Capharnaüm. C'est dans cette ville que Jésus guérit la belle-mère de Pierre et le serviteur d'un centurion romain qui avait aidé les Juifs à construire leur synagogue. Mais les auteurs des Évangiles rapportent que bien qu'ils aient souvent vu les miracles de Jésus et entendu son enseignement, les habitants de Capharnaüm ne crurent pas au message de Dieu.

11.8
Lors d'un voyage qu'il fit de Nazareth à Jérusalem, Jésus décida de prendre la route la plus courte, celle qui traverse la Samarie. Pour les Juifs les Samaritains étaient des « Intouchables ». Mais le chapitre 4 de l'Évangile de Jean raconte que Jésus s'assit à côté d'un puits et engagea la conversation avec une femme samaritaine. Vers la fin de l'entretien, celle-ci lui déclara : « Je sais que le Messie doit venir ; quand il sera venu, il nous expliquera toutes choses » et Jésus lui répondit : « Je le suis, moi qui te parle ».

Le puits où cette femme était venue tirer de l'eau avait une longue histoire. C'était le « puits de Jacob » qui existe encore aujourd'hui.

11.9
La ville de Césarée de Philippe était située tout au Nord de la Galilée, au pied du mont Hermon. Ce nom lui avait été donné en l'honneur des Romains. À l'époque vétéro-testamentaire, cet endroit avait été un centre du culte de Baal, et à l'époque hellénistique, un temple dédié au dieu Pan y avait été construit. Les statues du dieu occupaient les niches que l'on voit sur la photo. Ce fut là, qu'à un moment décisif du ministère de Jésus, l'apôtre Pierre fut le premier à reconnaître en lui le Messie — ou le Christ.

11.10
L'Évangile de Matthieu rapporte que Jésus était à Césarée de Philippe lorsqu'il prit avec lui Pierre, Jacques et Jean pour les emmener sur « une haute montagne » où il leur apparut transfiguré et rayonnant. Dans le Nord de la Galilée, la plus haute montagne proche de Césarée de Philippe est le mont Hermon (à la frontière syrio-libanaise). En fondant, les neiges de l'Hermon alimentent les sources du Jourdain.

11.11
Au cours de ses trois années de ministère, Jésus se rendit à plusieurs reprises à Jérusalem, notamment lors des grandes fêtes religieuses. Pour échapper à la foule, il se retirait à Béthanie, village proche de Jérusalem où habitaient ses amis Lazare, Marthe et Marie.

11.12
Pour se rendre à Jérusalem depuis Béthanie, Jésus prenait un sentier qui contournait le mont des Oliviers, et de là il pouvait avoir une vue extraordinaire sur le grand temple bâti par Hérode, qui se dressait au-delà de la vallée du Cédron (à gauche). Le Dôme du Rocher occupe aujourd'hui le site de l'ancien temple.

11.13*
« À Jérusalem, près de la porte des Brebis, il y a une piscine qui s'appelle en hébreu Bethesda et qui a cinq portiques ». Cette description qui se trouve en Jean 5, a permis aux archéologues d'identifier facilement l'endroit où Jésus scandalisa un jour les stricts observateurs du sabbat en ordonnant à un homme paralysé depuis longtemps de « prendre son lit et de marcher ».

11.14
Photographie aérienne de la Vieille Ville de Jérusalem où Jésus passa la dernière semaine de sa vie (à droite).

11.15
Lorsqu'il se rendit à Jérusalem, Jésus savait qu'il allait mourir. Le dernier soir, après avoir soupé et longuement parlé avec ses amis, il se rendit au jardin de Gethsémani — qu'il aimait beaucoup — et, sous les oliviers, il ouvrit son cœur à Dieu dans la prière : « Mon Père, si c'est possible, éloigne de moi cette coupe de douleur. Toutefois, non pas comme je veux mais comme tu veux ».

Les arbres qui étaient là à l'époque furent abattus par les Romains sous le règne de Titus. Mais une bonne partie des oliviers que l'on peut voir aujourd'hui à cet endroit sont quand même plusieurs fois centenaires.

11.16*
Sous le couvent de l'Ecce Homo à Jérusalem se trouve encore le dallage qui existait à l'époque romaine. On peut encore y voir, gravés, les jeux auxquels jouaient les soldats. C'est sur ces pierres que Jésus dut subir les plaisanteries cruelles de ses gardiens.

11.17*
Jusqu'en 1961, il n'existait aucune preuve contemporaine de l'existence de Pilate en dehors des quatre évangiles. Puis les archéologues découvrirent à Césarée une pierre portant le nom de « Pontius Pilatus » associé à celui d'un bâtiment construit en l'honneur de Tibère.

11.18*
Des faux témoins, un procès truqué, une menace d'émeute pour forcer la main du gouverneur romain : la condamnation de Jésus ne fut qu'une parodie de justice. Jésus savait pourtant dès le début qu'il lui faudrait mourir. « De même que Moïse a élevé le serpent de bronze, sur une perche, dans le désert, de même le Fils de l'homme doit être élevé afin que tout homme qui croit en lui ait la vie éternelle » avait-il dit à Nicodème. Il fut crucifié hors des murs de la ville, en un lieu appelé « Golgotha », lieu du Crâne. Peut-on voir dans cette étrange formation rocheuse la Colline du Crâne ? Le site traditionnel de la crucifixion se trouve sous l'église du Saint-Sépulcre.

11.19*
Le corps de Jésus fut placé dans un tombeau taillé dans le rocher et une grande pierre fut roulée devant l'entrée pour en interdire l'accès. On a découvert à Jérusalem et ailleurs de nombreuses tombes de ce type. Celle-ci se trouve à Nazareth. De nombreux témoins purent attester que le dimanche de Pâques, la tombe était vide. Les disciples qui s'étaient laissés aller au désespoir — et même les plus incrédules d'entre eux — durent se rendre à cette stupéfiante réalité : Jésus était ressuscité des morts.

Chapitre 12

« JUSQU'AUX EXTRÉMITÉS DU MONDE »

Pierre, Paul et les jeunes églises

Matthieu rapporte à la fin de son évangile que le Christ donna à ses disciples l'ordre d'aller jusqu'aux extrémités de la terre pour faire connaître à toute créature la bonne nouvelle du pardon et de la vie. Le premier chapitre du livre des Actes ajoute ces mots : « Vous serez mes témoins à Jérusalem, dans toute la Judée, dans la Samarie et jusqu'aux extrémités de la terre. » La suite du livre raconte le début de l'accomplissement de cette mission, après que Dieu eût revêtu de puissance les disciples de Jésus, le jour de la Pentecôte. D'autres sources d'information confirment pleinement la véracité et la précision du récit de Luc.

Ce chapitre 12 présente un aperçu des lieux où Pierre et surtout Paul portèrent la bonne nouvelle au cours des années qui suivirent. Le point de départ se situe vers l'an 30 quand fut fondée l'église de Jérusalem. Le premier voyage missionnaire de Paul, qui le conduisit d'Antioche de Syrie, au Sud et au centre de la Turquie actuelle, en passant par Chypre, eut lieu en 46-47 ap. J.-C. Le second voyage, au départ d'Antioche en direction de la Grèce septentrionale et méridionale, et retour à Césarée par mer, avec une escale à Éphèse, remplit les années 48-51. Au cours de son troisième voyage, Paul se rendit à Éphèse, en empruntant la route par l'intérieur de l'Asie Mineure, puis visita à nouveau le Nord et le Sud de la Grèce. Sur le chemin du retour, il s'embarqua à Troas et longea la côte Ouest de l'Asie avant d'atteindre Tyr et Césarée. C'est à Jérusalem, en 58, qu'il fut arrêté. Après deux années d'emprisonnement à Césarée, il fit valoir son droit de citoyen romain d'en appeler à César. Durant la navigation vers Rome, le navire fit naufrage et s'échoua sur l'île de Malte. Paul arriva à Rome en 61 ; il y vécut deux ans en résidence surveillée.

Les lettres que Paul adressa aux jeunes églises de l'Asie Mineure et de la Grèce projettent d'autres lumières sur le récit des Actes. Certaines de ces lettres furent écrites en prison.

Ce chapitre se termine avec la fin du Ier siècle, par la mention des sept églises citées dans l'Apocalypse. Le climat a changé ; la persécution sévit par suite du refus des chrétiens de s'associer au culte de l'empereur. Les messages adressés aux sept églises sont des messages d'encouragement. Dieu est Maître de l'Histoire ; la victoire sur le mal est certaine pour ceux qui placent leur confiance en Lui.

12.1*
Jésus avait donné l'ordre suivant : « Allez, faites de toutes les nations des disciples. » Ses amis commencèrent par Jérusalem, le jour de la Pentecôte. Puis la persécution les dispersa dans toute la Judée. Ensuite, à Joppé, ville côtière, Pierre eut une vision (Actes 10) qui confirmait l'ordre précédent, à savoir de faire des disciples aussi bien des non-Juifs que des Juifs.

12.2*
C'était dans les années 32 à 35. Saul (Paul), parti de Jérusalem, se dirigeait vers Damas pour persécuter les disciples de Jésus, quand il rencontra le Christ vivant. Cette expérience qui bouleversa sa vie est décrite en Actes 9, et répétée en Actes 22 et Actes 26.

12.3*
Paul se rendit dans la rue Droite à Damas et il recouvra la vue. Il chercha aussitôt à rencontrer les chrétiens et se mit à prêcher dans les synagogues que Jésus était le Fils de Dieu.

12.4*
Paul était originaire de Tarse en Cilicie (au Sud de la Turquie). Cette ville d'un demi-million d'habitants possédait une importante université.

12.5
La lapidation d'Étienne fut suivie d'une violente persécution qui contraignit les chrétiens à se disperser. C'est ainsi que des disciples vinrent à Antioche (actuelle Antakya à la frontière entre la Syrie et la Turquie). Le christianisme s'implanta donc dans cette ville, la 3e en importance de tout l'empire romain, et capitale de la province de Syrie. La communauté composée de Juifs et de païens convertis, se développa au point que Barnabas fit chercher Paul à Tarse pour être assisté dans son ministère. Plus tard, les deux hommes furent appelés par les anciens de l'église d'Antioche pour accomplir l'œuvre missionnaire à laquelle Dieu les avait destinés.

12.6*
Chypre fut la première étape de leur premier voyage missionnaire, en 46 ou 47 ap. J.-C. « Arrivés à Salamine, ils annoncèrent la parole de Dieu dans les synagogues des Juifs. »

12.7*
À Paphos (photo de droite), ville située à l'autre extrémité de l'île, Paul et Barnabas durent sévèrement châtier un magicien, avant de poursuivre leur navigation vers Perge.

12.8*
De Perge, sur la côte Sud de la Turquie (ancienne province romaine de Pamphylie), Paul et Barnabas se mirent en route vers l'intérieur du pays, par des chemins montagneux.

12.9*
Paul fit étape à Antioche de Pisidie, ville entourée de lacs et de collines. Il prêcha dans la synagogue devant un public d'abord bienveillant ; mais des Juifs provoquèrent des troubles. Une église se forma. Deux ou trois ans plus tard, Paul revisita les chrétiens d'Antioche, au cours de son second voyage missionnaire.
Photo des vestiges de l'aqueduc romain.

12.10*
D'Antioche, Paul et Barnabas se rendirent à Iconium, puis à Lystres (où Paul fut lapidé et laissé pour mort) et à Derbé. Ils empruntèrent le même chemin pour le retour. Ils s'embarquèrent à Attalie (photo ci-contre), aujourd'hui Antalya, pour Antioche de Syrie.

12.11*
En 48 ap. J.-C. Paul entreprit un deuxième voyage, en compagnie de Silas. Entre ses deux voyages missionnaires, une conférence s'était tenue à Jérusalem. Elle avait eu pour objet de faire admettre sans réserve les chrétiens non-Juifs contre l'avis de ceux qui voulaient leur imposer la loi de Moïse. Paul et Silas parcoururent l'Asie Mineure, visitèrent les églises de Derbé, de Lystres, d'Iconium et d'Antioche de Pisidie. À Troas, Paul entendit dans une vision l'appel d'un Macédonien qui implorait son secours. Ils se mirent donc en devoir de traverser la mer Égée et arrivèrent à Néapolis.

La route actuelle qui relie Néapolis à Philippes double la Voie Egnatienne, cette grande voie de communication Est-Ouest construite par les Romains et dont on peut encore apercevoir des tronçons.

12.12, 13*
Philippes est à 12 km de Néapolis, en retrait de la côte. Cette ville du Nord de la Grèce doit son nom à Philippe de Macédoine. En 42 av. J.-C., elle fut le théâtre d'une célèbre bataille entre Romains : Antoine et Octave (Auguste) contre Brutus et Cassius. Octave accorda le statut de colonie romaine à cette ville, lui conférant les mêmes droits et les mêmes privilèges que les villes d'Italie. Au mépris de la loi romaine, Paul — citoyen romain — et Silas furent flagellés et jetés en prison sans jugement, ce qui mit les autorités de la ville dans un grand embarras le lendemain.

12.14*
À l'été 50, Paul quitta Philippes pour Thessalonique, par la Voie Egnatienne. Thessalonique était la plus importante ville de la région. Elle se nomme actuellement Saloniki ; c'est toujours une grande agglomération. L'Arc de Triomphe de Galère s'élève près de l'ancienne route romaine transformée en autoroute moderne.

12.15*
Au temps de Paul, Thessalonique était gouvernée par des « politarques ». Le nom de six d'entre eux figure sur cette inscription grecque d'une arche romaine de la ville.

12.16*
À l'époque du NT, Athènes — la patrie des illustres tragiques et philosophes grecs des ve et ive siècles av. J.-C. — était une ville universitaire indépendante, liée à Rome par un traité spécial. Lors de son deuxième voyage missionnaire, Paul discuta sur la place publique avec des philosophes épicuriens et stoïciens. Photo de gauche : l'*agora*, ou place publique, avec la statue d'Adrien au premier plan et l'acropole au fond.

Entendant Paul parler de Jésus et de la résurrection, les Athéniens crurent qu'il annonçait de nouvelles divinités. Ils le conduisirent donc sur l'aréopage, devant le Conseil de la ville, où il exposa sa doctrine. « Car tous les Athéniens et les étrangers venus parmi eux ne passaient leur temps qu'à dire ou écouter quelque nouvelle » (Actes 17).

12.17*
D'Athènes, Paul se rendit à Corinthe. La ville, détruite et reconstruite par les Romains, était située sur l'étroite langue de terre qui relie la péninsule du Sud à la Grèce continentale. Elle occupait une position commerciale stratégique, entre la mer Égée et la mer Adriatique. Sa population nombreuse et très cosmopolite avait donné un mauvais renom à la ville. Deux lettres du NT témoignent de la vigueur et aussi des problèmes de la jeune église que Paul avait fondée à Corinthe.

12.18
L'acro-Corinthe, avec son Temple d'Aphrodite, la déesse de l'amour, dominait Corinthe. On l'aperçoit ici depuis le Temple d'Apollon.

12.19*
La visite-éclair de Paul à Éphèse lors de son retour à Antioche, terme du deuxième voyage missionnaire était manifestement insuffisante. C'est pourquoi Paul y revint et y passa deux ans.

Éphèse servait de pont entre l'Est et l'Ouest. C'était la plus importante ville de la province romaine d'Asie. À l'époque du NT, elle comptait environ 300 000 habitants. Paul vit d'emblée l'importance stratégique de cette ville comme centre de rayonnement de l'évangile. La lettre aux Éphésiens et les sept autres lettres mentionnées dans l'Apocalypse prouvent à quel point Paul avait vu juste. La ville romaine d'Éphèse était splendide : rues pavées de marbre, temples, bains, bibliothèques...

12.20*
Bien qu'il n'en subsiste plus grand-chose aujourd'hui, le Temple de Diane (Artémis) à Éphèse constituait l'une des sept merveilles du monde ancien.

12.21*
La prédication de Paul dans cette ville eut pour effet le déclin de l'industrie des orfèvres qui fabriquaient et vendaient des statuettes de la déesse. Actes 19 décrit l'émeute provoquée par les orfèvres. Cette statue de la déesse, trouvée à Éphèse, date du IIe siècle ap. J.-C.

12.22*
Le théâtre d'Éphèse pouvait contenir plus de 25 000 personnes assises. Au cours de l'émeute décrite dans les Actes, la foule se saisit de deux compagnons de Paul et les poussa jusqu'au théâtre. Là, le secrétaire de la ville calma la foule. L'Arcadiane, à droite sur la photo, conduisait du théâtre à la mer, bien que du temps de Paul déjà, le port fût ensablé.

12.23
Le Temple d'Adrien était l'un des monuments remarquables de la ville, sur sa rue principale.

12.24*
Le message chrétien atteignit sans doute Colosses, dans la vallée du Lycus, alors que Paul était toujours à Éphèse. Mais au moment où l'apôtre écrivit sa lettre aux Colossiens, il n'avait pas encore visité cette communauté.

12.25*
Parmi les chrétiens de Colosses se trouvait un certain Philémon qui possédait un esclave, nommé Onésime. Celui-ci s'était enfui à Rome où il rencontra l'apôtre Paul. Il se convertit. Paul le renvoya à son maître avec un message dans lequel il demandait à Philémon de traiter désormais Onésime comme un frère en Christ. Ce médaillon porté par un esclave romain comporte l'inscription suivante :
« Prends-moi si je tente de m'échapper et renvoie-moi à mon maître. »

12.26, 27
Paul était douloureusement conscient du peu de temps qu'il avait passé au sein des jeunes églises. Comme il se sentait profondément concerné par chacune d'elles, il leur écrivit pour leur prodiguer des conseils et des encouragements, pour répondre à leurs questions et pour les féliciter de leurs progrès. Le secrétaire à qui Paul dictait ces lettres devait faire une grande consommation d'encre et de plumes ! Ces plumes et le plumier ont été trouvés en Égypte et datent de l'époque romaine. On y voit des traces d'encre. L'encrier et la plume (en haut, à droite) datent du Ier siècle de notre ère et ont été trouvés dans le Tibre.

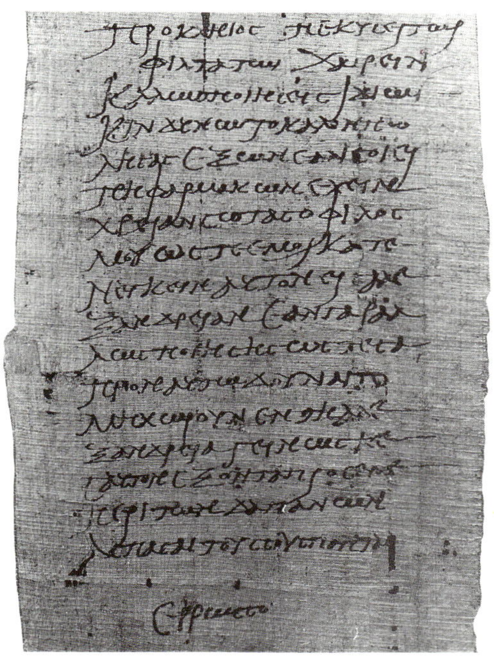

12.28*
Cette lettre écrite en grec sur du papyrus débute ainsi : « Salutations de Procleius à son très cher Pecusis ». Elle se poursuit par des conseils à vendre des médicaments de bonne qualité, faute de quoi Pecusis aurait à en supporter la dépense. La lettre se termine par ces mots : « Salue toute ta famille. Adieu. »

12.29
Ce portrait d'une fille tenant un écritoire et une plume a été retrouvé dans la ville romaine de Pompéi.

12.30, 31*
Quand, partant d'Assos, Paul fit voile pour la Judée, à la fin de son troisième voyage missionnaire, il eut le pressentiment qu'il courait de graves dangers. L'apôtre fit escale à Milet, sur la côte Ouest de la Turquie et invita les anciens de l'église d'Éphèse à l'y rejoindre. La séparation fut émouvante, car tous savaient à quels risques Paul s'exposait.

Milet était fière de son théâtre. Sur l'un des sièges étaient inscrits ces mots de réservation : « Pour Juifs et prosélytes seulement ». Ce témoignage éclaire le caractère révolutionnaire du message chrétien que Paul proclamait : « Tous sont un en Jésus ».

12.32, 33*
Hérode le Grand fit construire le port de Césarée, sur la Méditerranée, en l'honneur de l'empereur romain Auguste, dont les statues et les temples dominaient la ville. Une garnison romaine stationnait à Césarée ; Paul y fut gardé en sécurité pendant les deux années qui suivirent son arrestation à Jérusalem (décrite dans Actes 21). Le gouverneur Félix, dont le nom figure sur l'inscription, examina le cas de Paul. Mais, déçu de n'avoir pas obtenu l'argent escompté, et pour plaire aux Juifs, il ne rendit pas la liberté à Paul.

Après deux ans d'emprisonnement et de nombreuses comparutions, Paul fit valoir son droit de citoyen romain. Il en appela à César et s'embarqua pour Rome, sous bonne escorte.

12.34
Un vent du Nord-Est contraria la navigation près des côtes crétoises. Le navire désemparé partit à la dérive, jusqu'à ce que de forts coups de vents le fassent échouer sur un banc de sable, près de l'île de Malte. Grâce à l'initiative de Paul, tous débarquèrent sains et saufs.

12.35
Paul s'embarqua pour Rome sur un navire romain qui, venant d'Alexandrie, avait hiverné dans l'île de Malte.

12.36*
De Rome, des chrétiens qui avaient eu vent de l'arrivée de Paul, vinrent à sa rencontre sur la Via Appia.

12.37*
Néron, qui succéda à Claude, fit persécuter les chrétiens dans tout l'empire romain.

12.38
L'Apocalypse, le dernier livre du NT, révèle un contexte de persécution. Le livre s'adresse à l'église d'Éphèse et à six autres églises des environs. Cette inscription d'Éphèse désigne César Auguste comme « divin ». Au moment où fut rédigée l'Apocalypse, les chrétiens étaient persécutés pour avoir refusé d'adorer l'empereur.

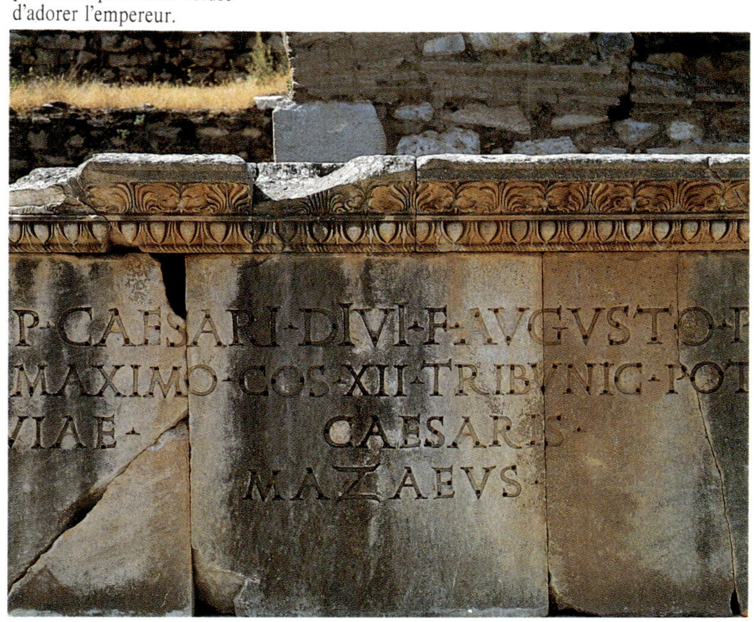

12.39
Smyrne — l'actuelle Izmir — sur la côte Ouest de la Turquie, est décrite dans l'Apocalypse comme une église pauvre, bien que riche des biens qui comptent et qui demeurent. Forum qui date de la période romaine.

12.40*
Pergame pouvait se vanter d'avoir érigé le premier temple dédié à Rome et à l'empereur Auguste, en 29 av. J.-C. Dans la ville se célébraient aussi les cultes en l'honneur de Zeus, d'Athéna et de Dionysos. À propos de Pergame, l'Apocalypse déclare : « Je sais où tu demeures ; là est le trône de Satan ». Un théâtre spectaculaire, datant de la période hellénistique, surplombe la ville moderne.

12.41
Le centre de soins, associé au Temple d'Esculape, attirait de nombreuses personnes à Pergame. On pense que ce tunnel a joué un rôle de traitement de choc pour les malades.

12.42
Photo du Temple d'Artémis, à Sardes, dans la Turquie occidentale. Il est intéressant de constater qu'il subsiste aussi des vestiges d'une synagogue juive ancienne. D'après l'Apocalypse, l'église de Sardes, bien que vivante en apparence, était pourtant morte. Toutefois, quelques chrétiens étaient demeurés fidèles.

12.43, 44, 45*
Les dépôts minéraux des sources chaudes d'Hiérapolis (à droite) dans la Turquie occidentale ont façonné ces étranges terrasses avec cascades. Non loin, des canaux amenaient à Laodicée (à gauche) les eaux chaudes jaillies des sources, mais ces eaux arrivaient tièdes à Laodicée. Ces images étaient certainement parlantes pour l'église de Laodicée à qui Dieu reproche de n'être ni chaude ni froide, et donc utile à rien. Aucune autre église ne reçut un avertissement aussi sévère. Mais une note d'espoir accompagnait le message divin : « Voici, je me tiens à la porte et je frappe. Si quelqu'un entend ma voix et ouvre la porte, j'entrerai chez lui... »

12.46*
La génération des premiers chrétiens disparut, mais son message subsista, sous forme d'écrits soigneusement préservés, que ce soit les lettres de Paul ou les récits de la vie du Christ, conservés en mémoire par ceux qui l'avaient bien connu.

Ce fragment de papyrus trouvé en Égypte est écrit en grec et date des années 125-150 ap. J.-C. Il contient une partie d'une copie de l'évangile de Jean. C'est le plus ancien témoin écrit, actuellement connu, d'un livre du NT.

NOTES ARCHÉOLOGIQUES

Chapitre 1

1.2
Il existe plusieurs récits babyloniens de la création. Cette copie de l'un d'eux date du VIe siècle av. J.-C. et débute ainsi : « Lorsque toutes les terres étaient recouvertes d'eau... ». Le dieu Mardouk fit surgir la terre ferme, puis, aidé de la déesse Arourou, il créa l'homme pour le service des dieux. Il créa ensuite les animaux et les plantes, ainsi que les villes de Babylonie. D'autres récits précisent que l'homme tire son origine du sang d'un dieu vaincu ; une tablette ajoute que ce sang a été mêlé d'argile pour donner naissance à l'homme. Il est peu probable que ces légendes aient un lien quelconque avec le récit de Genèse 1 à 3. Ce qui leur est commun — la double origine, divine et terrestre, de l'homme et sa destinée au service d'une puissance supérieure — se retrouve dans d'autres récits indépendants apparus dans d'autres parties du monde.

1.6, 7
Les Babyloniens avaient érigé pour leurs divinités des temples en forme de tours élevées, ou ziggourats. Cette pratique remonte au moins au 3e millénaire av. J.-C. Le plus célèbre de ces édifices reste le temple de Mardouk à Babylone ; il comporte sept terrasses, chacune peinte d'une couleur différente, et atteint une hauteur de 90 m. Au sommet, une chapelle abritait la statue du dieu. Chaque jour les prêtres montaient et descendaient en procession pour veiller la divinité, s'occuper des ablutions et de la nourriture rituelles et présenter les prières.

1.8-14
Ur est l'une des plus anciennes villes de Babylonie. Au début elle n'était qu'un campement sur un tertre de la plaine fluviale de l'Euphrate. À l'époque du « cimetière royal », la ville était devenue un centre agricole et commercial prospère. Les trésors découverts montrent l'étendue des matériaux bruts importés pour satisfaire les goûts de ses dirigeants : cuivre du golfe Persique, or d'Iran, lapis-lazuli d'Afghanistan. Seize tombes sont qualifiées de « royales » parce que des valets reposent à côté des maîtres ; rien ne prouve que ceux-ci furent rois ou reines. Certaines des femmes ont pu être des prêtresses « mariées » au dieu-lune. Nulle part ailleurs, en Babylonie, nous n'avons confirmation d'une telle coutume où les serviteurs accompagnaient leurs maîtres dans l'autre monde. Cette pratique reflète la croyance que la vie dans l'au-delà ressemblerait fort à la vie terrestre.

1.11
De nombreuses lyres et harpes se trouvaient dans les tombes. Il est impossible de reproduire leurs sons, puisque les cordes et le bois se sont décomposés, mais il est évident qu'il existait une gamme étendue de sonorités. On jouait aussi du tambour, de la flûte et d'autres instruments.

1.14
« L'étendard de Ur » est une mosaïque de 48,3 cm de longueur et de 20,3 cm de hauteur ; elle se trouve au British Museum sous le n° 121201. Les scènes représentées se lisent de bas en haut. Des porteurs présentent le butin pris à l'ennemi ; ils sont suivis de serviteurs qui amènent des ânes ; puis viennent les bœufs et les moutons. La rangée supérieure évoque la victoire ; le roi (plus grand que les autres personnages) et ses officiers tiennent des coupes ; à l'extrême droite, une jeune fille chante, accompagnée d'un musicien qui joue de la lyre, semblable à celles trouvées dans les tombes (1.11).

1.15, 16
Un scribe égyptien, à la tête d'un groupe de visiteurs, tient un rouleau qui décrit les étrangers comme « des Asiatiques de Shut, au nombre de 37, venus apporter, à la demande du prince Khnum-hotep du fard pour les yeux ». Cette visite constitua sans doute un événement important dans la vie de Khnum-hotep. La région de Shut semble avoir fait partie de la Transjordanie, voire du Sinaï.

1.17
Au cours des fouilles effectuées à Ur, Sir Leonard Woolley a mis au jour en deux endroits, les ruines de demeures abandonnées vers 1740 av. J.-C. D'après lui, ces maisons possédaient un étage, mais des études plus récentes montrent qu'il s'agissait plutôt de maisons à un seul niveau, des escaliers donnant accès au toit plat. Le plan des habitations — une cour centrale sur laquelle donnaient les différentes pièces — est particulièrement bien adapté au climat, il offre beaucoup d'ombre et protège des vents chargés de sable.

1.20
Pourquoi n'avons-nous aucune mention d'Abraham et de sa famille, en dehors des récits bibliques ? La vie de nomade ne laisse pratiquement aucune trace pour les archéologues. Lorsque les patriarches séjournaient plus longtemps dans un endroit, ils demeuraient sans doute dans des maisons moins précaires ; si l'on découvrait aujourd'hui les vestiges de telles habitations, seule une inscription « maison de Jacob » pourrait en désigner le propriétaire.

1.21
Les nomades se déplaçaient souvent très loin à la recherche de pâturages ; cependant, ils passaient généralement l'hiver dans des lieux fixes. (Genèse 37 raconte comment Jacob résidant à Hébron, envoya Joseph à la recherche de ses frères qui auraient dû se trouver à Sichem, et qui, en fait, s'étaient rendus à Dothan.) Ils traversaient les villes pour y vendre leurs produits et acheter ce dont ils avaient besoin ; parfois, ils se mettaient momentanément au service de la population citadine. Il leur arrivait aussi, dans les temps de famine, d'abandonner complètement leur vie de nomades, ou, s'ils étaient assez puissants, de se lancer à l'assaut des villes et de les piller.

1.22
À l'aube du second millénaire av. J.-C., les cités cananéennes, qui avaient été abandonnées durant trois ou quatre siècles, furent rebâties. Chacune avait son chef ; de solides murailles, percées d'une porte bien gardée (Gn 23:10, 18) les protégeaient des prétentions des cités rivales et des pillards nomades. La plupart des villes étaient construites près d'une source, d'une rivière ou de puits creusés dans le sol, comme à Beér-Shèba (Gn 26:17-22).

1.23, 24
On suppose que Sodome et ses villes-satellites (Gn 14, 19) étaient situées dans la partie Sud, actuellement immergée, de la mer Morte, mais il n'existe à ce jour aucune trace de ces villes. Certains rapports qui prétendent que leurs noms figuraient dans les documents trouvés à Ébla, au Nord de la Syrie, et datés de 2300 av. J.-C. environ, sont erronés.

1.25
Cette époque (Moyen Bronze) voit se répandre des outils et des armes plus performants, car le bronze est plus dur que le cuivre utilisé jusqu'alors. Des armes comme celles figurant sur cette peinture ont été exhumées des tombes cananéennes.

1.26
Les sacrifices humains sont inconcevables pour notre culture occidentale. L'histoire biblique n'en mentionne qu'un très petit nombre. Par contre, les Phéniciens, et sans doute leurs ancêtres Cananéens offraient des enfants en sacrifice à leurs divinités, en les faisant « passer par le feu en l'honneur de Molok », ce qui était formellement interdit aux Israélites (Lv 18:21 ; 20:2-4). La mise à l'épreuve d'Abraham pouvait aussi avoir comme but secondaire de montrer que Dieu n'exigeait pas la mort des serviteurs ni celle des enfants.

1.27
Selon la tradition, au centre d'Hébron se trouverait le tombeau d'Abraham, entouré d'un mur érigé par Hérode le Grand. Il est établi sur une grotte. À l'époque des patriarches on ensevelissait successivement plusieurs morts dans les grottes naturelles ou creusées ; celle-ci pourrait donc être celle acquise par Abraham (Gn 23), bien qu'aucune preuve formelle ne vienne étayer cette hypothèse.

Chapitre 2

2.1
Malgré les routes qui reliaient le Nord-Est de l'Égypte à la Palestine et les voies maritimes établies entre l'embouchure du Nil et de nombreux ports méditerranéens, l'Égypte demeurait isolée et repliée sur elle-même. Au Sud du delta, seule la vallée du Nil était cultivée et peuplée. Ailleurs, le pays restait un désert rocailleux parsemé de quelques rares oasis.

2.4
Amon était le dieu suprême de l'Égypte, créateur et préservateur de la nature. Ce temple constituait sa demeure ; la statue d'Amon s'y dressait dans la partie la plus sombre. Les prêtres, les seules personnes à être admises régulièrement dans le temple, venaient réveiller la divinité par un hymne, puis ils lavaient et habillaient la statue tous les matins et lui apportaient la nourriture trois fois par jour. Chaque roi voulait bâtir pour les divinités qui l'avaient choisi pour régner et qui lui assuraient le succès, des temples plus grandioses que ceux érigés par ses prédécesseurs. À l'origine, ces pierres sculptées étaient peintes de couleurs éclatantes.

2.5
Un flot constant d'immigrants venus de Syrie et de Palestine finit par rejeter les pharaons autochtones qui furent remplacés par les rois Hyksos dans le Nord du pays (1780-1550 av. J.-C.). De nombreux savants estiment que c'est l'un de ces pharaons qui a encouragé Jacob et les siens à venir s'établir dans le pays de Goshen, au Nord-Est de l'Égypte (Gn 45:16ss).

2.6, 7
Pour gouverner un pays comme l'Égypte, il fallait une administration rigoureuse qui prélève les tributs réguliers nécessaires au roi. Le pays était divisé en provinces ou « nomes » administrées par des gouverneurs. Parmi leurs subordonnés, il y avait ceux qui mesuraient les champs pour présumer le montant des récoltes et en fixer l'impôt.

2.9
Ramsès fut d'abord ministre sous le règne du pharaon Aménophis IV (vers 1356-1340 av. J.-C.) qui, sous le nom d'Akhenaton, introduisit, durant une brève période, de profonds changements dans la religion et l'art égyptiens. L'accent était mis sur le réel. La peinture et la sculpture de cette époque reflètent mieux la nature.

2.10
Les ambassadeurs apportent des vases en métal précieux, très élaborés. Certains vases en or s'ornent de fleurs ciselées, en or également ; l'un des vases a la forme d'une tête d'animal. Des pichets et des cruches en argent sont peints en noir. Ils avaient d'autant plus de valeur que l'Égypte ne produisait pas d'argent. Un homme tient par la main une fillette, probablement ramenée comme esclave dans une famille égyptienne. De telles peintures présentent les étrangers comme tributaires de l'Égypte ; en fait, les objets qu'ils apportaient étaient échangés contre des produits égyptiens.
British Museum nº 37991. Hauteur : 114,3 cm.

2.14
Pour les Égyptiens, le scarabée qui poussait devant lui une petite boule de fiente était le symbole du dieu-soleil qui poussait le soleil dans le ciel. Ce collier représente le soleil au début de son périple quotidien, dans une embarcation en or flottant sur une mer bleue. Il est réalisé en or, en lapis-lazuli, en turquoise et en feldspath rose. Il mesure environ 50 cm et date de 1340 av. J.-C.

2.24
Le traité ou alliance était un accord établi entre deux parties. En se servant d'un schéma connu et répandu, on s'assurait que le contrat était correctement compris. Encore fallait-il obtenir que les parties en présence demeurent fidèles aux promesses faites. Parmi les solutions retenues, l'une consistait à préserver des copies écrites de l'alliance dans les temples ou autres lieux sacrés et à faire appel aux dieux comme témoins de l'engagement contracté. On s'attendait à ce que les dieux punissent ceux qui violaient le serment prêté en leur nom. Les bénédictions venaient récompenser les fidèles, et les malédictions constituaient une menace contre ceux qui étaient tentés d'être déloyaux. Le livre du Deutéronome conserve l'essentiel de la forme des alliances du second millénaire av. J.-C., entre autres les bénédictions (Dt 28:1-14) et les malédictions (Dt 28:15-68).

2.25
Le code d'Hammourabi était exigeant : son but était « d'ôter le méchant du pays et de promouvoir le bien du peuple ». Des lois réprimaient la fraude dans les affaires ; d'autres traitaient du vol, du louage de biens et de services, du mariage et des relations familiales. Certaines paraissent sévères : « Si un entrepreneur bâtit une maison pour un particulier et ne la fait pas assez solide, de sorte qu'elle s'écroule et tue son propriétaire, l'entrepreneur sera puni de mort » (loi 229). D'autres lois sont plus humaines :

« Si un homme veut épouser une seconde femme, la première étant atteinte d'une grave maladie, il pourra le faire mais il ne devra pas divorcer d'avec la femme malade. Elle continuera à vivre chez lui et il subviendra à ses besoins aussi longtemps qu'elle vivra ». Les lois d'Hammourabi doivent être étudiées dans le contexte de la Babylonie du XVIIᵉ siècle av. J.-C. La vie était déjà remplie de risques ; aussi quiconque en ajoutait devait être puni. Une femme malade et répudiée n'aurait eu aucun moyen de survivre. D'autres lois abordent la question des accusations non fondées, telles que l'accusation de sorcellerie. Dans ce cas on demandait l'intervention des dieux par la pratique de l'ordalie. Les lois d'Hammourabi comportent de nombreuses similitudes avec celles de Moïse écrites 500 ans plus tard. Les deux textes sont conçus pour des sociétés agraires regroupées en petites villes. Tous deux prétendent être d'inspiration divine. Les lois d'Hammourabi sont applicables à une situation déjà existante tandis que celles de Moïse concernent une nation en voie de formation. Les premières s'intéressent principalement à la propriété et punissent de mort le vol. Les secondes établissent des valeurs morales absolues et considèrent la vie comme ayant plus de prix que les possessions. Les lois d'Hammourabi furent recopiées par des scribes pendant mille ans environ, mais dans l'état actuel de nos découvertes, elles ne semblent pas avoir été réellement appliquées.

2.26
Des figures de taureau ont été adorées dans maintes cultures. Chez les Cananéens, le dieu « Baal » était parfois désigné sous le nom de « taureau ». Des taureaux en métal, trouvés en Syrie et en Palestine peuvent soit représenter la divinité elle-même, soit constituer le support de la statue du dieu.

2.28
Le tabernacle peut se comparer aux tentes démontables et portables que les artisans égyptiens avaient conçues depuis fort longtemps pour abriter leurs rois en déplacement. L'armature en était de bois recouvert d'or. Plusieurs épaisseurs de tentures et de peaux tendues au-dessus des parois verticales constituaient le plafond du tabernacle. C'est de la même manière que les anciens Égyptiens recouvraient leurs sanctuaires.

2.29
Des copies d'anciens traités ou d'anciennes alliances étaient placées dans les temples à proximité des dieux qui faisaient office de témoins. Israël n'avait pas de représentation de son Dieu, mais l'alliance qui était la charte de la nation était conservée de la même façon et constituait l'objet le plus sacré qu'Israël possédait, avec l'arche qui symbolisait la présence de Dieu.

Chapitre 3

3.2, 3
Les archéologues qui ont fouillé le site de Tel Beér-Shèba n'ont pas trouvé d'inscriptions révélant l'ancien nom de la localité ; les allusions bibliques ne sont pas suffisamment précises pour situer exactement Beér-Shèba. La ville romaine se trouvait à proximité de la ville moderne. La ville biblique peut probablement être identifiée comme la Beér-Shèba romaine.

3.4
Durant la majeure partie de l'année, le Jourdain a une largeur de 25 m et une profondeur de 1,5 m en face de Jéricho. Il n'est donc pas difficile de le traverser en plusieurs endroits. Les pluies et la fonte des neiges du printemps gonflent le fleuve dont la largeur atteint alors 35 m et la profondeur 4 m. Son débit augmente sensiblement.

3.5, 6
Jéricho a fait l'objet de nombreuses expéditions archéologiques, surtout dans les années 1930 et 1950. Les fouilles ont révélé qu'une épaisse muraille entourait la ville dès 7500 av. J.-C., donc avant l'apparition de la poterie. Plusieurs villes se sont élevées sur le même site. Puis, vers la fin du second millénaire av. J.-C. la ville a été abandonnée pour un certain temps. Les recherches n'ont pas permis de mettre au jour les ruines de la ville que conquit Josué (Jos 6). Les vestiges d'une muraille que l'on avait autrefois datés de la période de cette conquête appartenaient, en fait, à une construction antérieure. Certains considèrent donc le récit biblique comme une légende, d'autres pensent que l'érosion a fait disparaître les ruines ; d'autres estiment enfin devoir repousser la date de la conquête du XIIIe au XVe siècle av. J.-C. puisqu'il existe des vestiges de la ville datant de cette période. Le débat reste ouvert.

3.7
Des facteurs géologiques inhabituels ont permis à certains matériaux putrescibles de subsister dans des chambres funéraires souterraines des environs de Jéricho. Cette reconstitution unique donne un aperçu des ustensiles employés dans les maisons de cette époque. Aucune trace n'en avait subsisté ailleurs par suite de leur décomposition. Les tombes qui les contenaient datent de 1800-1550 av. J.-C. (Moyen Bronze II).

3.9
Le Mt Garizim et le Mt Ébal constituaient des endroits appropriés au rassemblement du peuple ; ils sont au centre du territoire d'Israël et dominent la ville de Sichem. Il était important qu'Israël se souvienne des termes de l'alliance, fondement de son existence, au moment où il allait prendre possession du pays promis.

3.10
La conquête du pays par Israël fut facilitée par les rivalités existant entre les rois des villes cananéennes. Certaines durent se soumettre à l'Égypte, d'autres essayèrent de rester indépendantes. La menace ne venait pas seulement d'Israël ; à la même époque, les Peuples de la Mer attaquaient les villes cananéennes (XIIIe et XIIe siècles av. J.-C.) ; enfin, des tribus araméennes s'infiltraient au Nord.

3.11
Les artisans cananéens puisèrent des idées chez leurs voisins babyloniens, égyptiens et autres et les associèrent à leurs propres conceptions pour créer leur style. Ils étaient ainsi amenés à introduire dans leurs motifs des emblèmes religieux étrangers. Il est bien rare de découvrir des tombes qui contiennent des joyaux de cette qualité, car les cananéens étaient trop pauvres pour se les procurer.

3.12, 13
En plus, ou à la place de leur vrai Dieu, les Israélites adoraient ces dieux cananéens. Ils pensaient que les dieux qui les avaient aidés à conquérir le pays pouvaient aussi les aider à y vivre (2 R 17:24ss). Ces dieux permettaient à leurs adorateurs de mener une vie facile, en n'imposant aucune contrainte morale, contrairement aux lois données par Moïse. Ils ne pouvaient d'ailleurs rien imposer de semblable, puisque les Cananéens eux-mêmes les décrivaient comme des divinités qui se querellaient et se vautraient dans une débauche sans retenue.

3.15
Les récentes fouilles de Lakish ont révélé que cette cité cananéenne a finalement été détruite au XIIe siècle av. J.-C. Ce petit temple était à l'extérieur de la ville. Il fut reconstruit deux fois en l'espace de 300 ans. Dans les dernières ruines on a trouvé de nombreux récipients qui avaient servi aux offrandes, ainsi que les ossements des pattes avant droites de moutons ou de chèvres (*cf.* Lv 7:32).

3.16
Haçor était une très vieille ville qui n'avait cessé de s'étendre au XVIIIe siècle av. J.-C. Un énorme rempart ceinturait la ville étendue sur 160 ha environ. La muraille protégeait les maisons, les temples et les tombes situés à l'intérieur. À l'extrémité Sud se dressait encore la citadelle, le plus ancien site de la ville.

3.17
De nombreux sanctuaires cananéens à Haçor ont subi une destruction violente au cours du XIIIe siècle av. J.-C. Les autels, les vases et le mobilier du culte gisent pêle-mêle dans les ruines. La plus grande pierre trouvée dans ce sanctuaire mesure 65 cm de haut, et la plus petite, 22 cm. Ces blocs de pierre étaient très répandus dans le Proche-Orient ancien. Ils pouvaient servir de mémorial, un peu comme « l'oreiller » de Jacob (Gn 28:18ss), ou de monuments érigés à la mémoire des défunts, comme ce fut le cas pour Absalom (2 S 18:18). Certaines de ces pierres furent vénérées comme symboles des divinités ou comme leurs demeures. C'est pourquoi Israël reçut l'ordre de détruire tous ces monuments et fut exhorté à ne pas en ériger d'autres (Dt 16:22).

3.18
Parmi ces poteries du Bronze Récent, certaines proviennent de Chypre (la plus grande), d'autres sont importées de différents centres mycéniens répandus autour de la mer Égée (tel le vase à droite). Ces objets témoignent d'une intense activité commerciale, interrompue par l'invasion israélite.

3.20
Asher ne réussit pas à étendre son pouvoir sur tout le territoire qui lui échut. C'est pourquoi les villes cananéennes de Tyr et de Sidon continuèrent à exister comme villes-états indépendantes. Elles devinrent d'importants centres du paganisme et de la culture phénicienne, qui contaminèrent Israël. (Voir 4.14, 15).

3.21
En examinant les photos de la Palestine actuelle, il faut se souvenir que les plans d'assèchement et d'irrigation ont radicalement modifié la physionomie du pays. Entre les régions de Dan et de la Galilée, se trouvaient autrefois le lac Hulé et de nombreux marais maintenant asséchés, qui dégagent ainsi une surface fertile pour l'agriculture.

3.24
La vallée de Yizréel, qui s'étend au Nord-Ouest du Jourdain, à partir de Bet-Shân, constitue une voie d'accès à la Plaine d'Esdrelon et au port d'Akko, reliant ainsi la côte à la vallée du Jourdain. La vallée de Yizréel est particulièrement fertile (*cf.* Os 2:21-23), mais la plaine d'Esdrelon était très marécageuse autrefois : les eaux du Qishôn s'y répandaient largement en hiver.
(Note : Esdrelon est la forme grecque de Yizréel, mais la plaine se situe à l'Ouest de la ville, tandis que la vallée est à l'Est.)

3.27
Dan reçut en partage les collines et la plaine côtière jusqu'à Joppé. Jos 19:47 rapporte que ce clan s'avéra incapable d'occuper tout son territoire et un grand

nombre de Danites émigrèrent vers le Nord (Jg 18:1ss). Les Amoréens étaient trop puissants pour les Danites ; les Philistins eurent donc bientôt le contrôle de la ville d'Eqrôn. L'incapacité à conquérir la totalité du pays affaiblit Israël tant sur le plan commercial que sur le plan stratégique.

3.32
Certains savants ont mis en doute l'authenticité des affirmations de Merneptah, mais sans raisons valables. Une autre inscription le désigne comme « celui qui lie Guézer ». Il n'y a aucun doute : cette stèle révèle l'existence d'un groupe de personnes connu sous le nom d'Israël dans le pays de Canaan sous le règne de Merneptah.

3.33
Jg 4:3 mentionne les « chars de fer » de Yabîn, sans doute parce qu'ils constituaient une arme nouvelle et terrifiante. Le fer se répandit progressivement après l'an 1200 av. J.-C., tout en demeurant coûteux et rare. Les chars étaient plus vraisemblablement consolidés ou armés de fer.

3.35-39
Les Peuples de la Mer venaient de la mer Égée, s'étaient établis à Chypre et se dirigeaient vers le Levant. Plusieurs villes côtières furent ravagées peu après 1200 av. J.-C. ; certaines ne furent jamais reconstruites. Les archéologues associent cette conquête aux attaques que mentionnent les Égyptiens sur les inscriptions et sculptures de l'époque. La poterie « philistine » est très caractéristique et se trouve toujours dans les niveaux d'occupation supérieurs des villes détruites. Après leur victoire sur les Peuples de la Mer, les Égyptiens semblent avoir constitué des garnisons de Philistins et leur avoir permis de s'établir au Sud-Ouest de Canaan, où ils occupèrent les cinq villes suivantes : Ashdod, Ashqelôn, Eqrôn, Gat et Gaza. Les fouilles entreprises à Ashdod ont mis au jour une forteresse, des maisons et des sanctuaires contenant de la poterie philistine et d'autres objets dont le style trahit l'influence de la Grèce égéenne et mycénienne.

Chapitre 4

4.4
Là où le désert de Juda surplombe la mer Morte, les flancs des falaises sont criblés de grottes dont certaines sont inaccessibles. De tout temps, elles ont constitué des refuges idéaux pour les hors-la-loi et les fugitifs. Certains durent abandonner toutes leurs possessions ; quelques-uns moururent dans ces grottes. On y a découvert des batteries de cuisine, de la vannerie, des objets en bois, du cuir provenant de différentes époques. Jusqu'à ce jour aucun objet abandonné par David ou ses hommes n'a pu être identifié ; peut-être n'a-t-il rien laissé d'identifiable !

4.5
La présence des Philistins au Mt Gelboé, situé au Nord du pays, montre qu'ils étaient sur le point de conquérir tout le pays promis.

4.6
L'ancienne ville de Bet-Shân était bâtie à l'extrémité Est de la vallée de Yizréel. Les fouilles sur le tertre ont révélé l'existence d'une ville cananéenne prospère, des ruines d'une place de garnison égyptienne ainsi que des vestiges de temples ornés de décorations égyptiennes. Au cours du Fer Ancien (1150-1000 av. J.-C.) deux temples furent construits, l'un dédié à la déesse Anat, l'autre peut-être au dieu Dagon. Plusieurs cercueils d'argile à forme humaine ont été exhumés du cimetière. Ils semblent être de la même origine que ceux découverts près de la ville philistine de Gaza.

4.7, 8
L'étang de Gabaôn a 11,3 m de diamètre et 10,8 m de profondeur. Au pied de l'escalier, un tunnel conduit à une source souterraine située 12,6 m plus bas. Ce gigantesque travail n'a sans doute pas été un succès puisqu'un autre tunnel a été creusé ultérieurement ; il passait sous la muraille de la ville pour acheminer l'eau par un trajet différent. Comme il n'y a aucune inscription il est impossible de savoir quand ces ouvrages ont été réalisés. L'étang leur est antérieur et pourrait être celui mentionné dans le récit biblique.

4.9
Les fouilles entreprises à Jérusalem sont rendues difficiles par le fait que la ville a été bâtie et rebâtie sur le même site pendant de nombreuses générations. L'alimentation en eau a toujours constitué un problème crucial ; c'est pourquoi de nombreux tunnels ont été percés, en épousant le tracé des fissures et des conduits existant naturellement dans le calcaire (voir 5.28-32). Le sens du mot hébreu traduit par « canal » en 2 S 5:8 pour décrire le passage utilisé par les hommes de David dans leur conquête de la ville, reste incertain. L'idée communément admise qu'il désignerait le canal vertical Warren qui permettait aux habitants à l'intérieur de la ville de puiser de l'eau de la source située à l'extérieur, est sérieusement contestée par des archéologues en recherches à Jérusalem.

4.10
A l'origine, Jérusalem était bâtie sur cette petite colline, parce que sa seule source, le Gihôn (aujourd'hui la Fontaine de la Vierge) sortait au pied de la pente Est. L'emplacement était si exigu que plusieurs maisons étaient bâties sur des terrasses de pierres en épaulement sur la colline. Les murs de la cité englobaient les édifices construits jusqu'au milieu de la pente ; mais avec l'accroissement de la population, d'autres maisons furent construites en dehors des murs.

4.11
Vers le milieu du xe siècle av. J.-C., les grandes puissances — l'Égypte, l'Assyrie et la Babylonie — n'étaient pas menaçantes. David put donc établir et étendre son royaume ; de même, Salomon profita de ce répit pour développer ses activités commerciales. Le cèdre était recherché, car à partir de cet arbre on pouvait obtenir des poutres et des planches plus grandes qu'à partir des autres arbres de Palestine ou du Proche-Orient.

4.13
Salomon affirme avoir recouvert d'or l'intérieur du sanctuaire ; cette affirmation a suscité de nombreux doutes ; elle a été considérée comme une exagération ou rejetée comme du folklore, pareille pratique semblant inconcevable ! Et pourtant, des récits et des preuves matérielles du monde antique attestent clairement que de grands monarques étaient prodigues dans ce domaine ; ils utilisaient d'abondantes quantités d'or pour recouvrir les murs des temples de leurs dieux, « comme du plâtre » affirme orgueilleusement l'un de ces rois. Toute cette splendeur résidant à Jérusalem n'était cependant visible que pour les prêtres, car les Israélites célébraient leur Dieu et offraient les sacrifices à l'extérieur, dans le parvis du temple.

4.14, 15
Ces ivoires sculptés décoraient du mobilier en bois (voir 5.14, 15). Leurs motifs, réalisés par des artisans phéniciens, reproduisaient en miniature les grandes sculptures égyptiennes. Des figures telles que le sphynx ailé jouaient un grand rôle dans la religion de l'Égypte, mais pour les autres peuples, elles n'étaient que des « porte-bonheur ». Le trône de Salomon (1 R 10:18-20) était recouvert d'ivoires semblables à ceux-ci.

4.16
Ce socle trouvé à Megiddo supportait probablement un bassin ou un brasier. Il mesure 9,5 cm de haut. Les socles du temple de Salomon mesuraient environ 1,3 m et soutenaient de grandes cuves. Hiram représenta sur les panneaux des lions, des bœufs et des chérubins qui furent sans doute façonnés comme les figures de ce socle. Il est possible que celui-ci ait été muni de roues à l'origine — comme l'étaient les socles de Hiram. On pouvait ainsi les déplacer même quand ils supportaient des matières lourdes ou dangereuses (eau, feu).

4.17
Bien qu'aucune des fondations mises au jour ne porte l'inscription : « Salomon bâtit cette porte », les tessons de poterie trouvés dans les ruines, et d'autres indices prouvent que cet ouvrage date du Xe siècle av. J.-C. Il s'agit vraisemblablement des travaux mentionnés en 1 R 9:15. Au cours des siècles suivants, d'autres villes eurent des murs et des portes construits selon le même modèle, avec des casemates servant d'abris à l'intérieur des murailles. La porte, large de 4,2 m offrait un passage à double sens suffisant pour les attelages tirés par des ânes.

4.18
Voici la traduction et l'explication du calendrier de Gézer :
(Deux) mois de récolte (olives : sept.-nov.)
(Deux) mois de semailles (blé : nov.-janv.)
(Deux) mois de semis tardifs (légumes : janv.-mars)
Mois de récolte du lin (mars-avril)
Mois de la moisson de l'orge (avril-mai)
Mois de la moisson et du bilan (blé mesuré pour la fixation de l'impôt, mai-juin)
(Deux) mois de taille (vignes : juin-août)
Mois des fruits d'été (raisins, figues, etc. : août-sept.)
La tablette mesure 11 cm de long sur 7 cm de large. Elle tient facilement dans la main. L'écriture pouvait s'effacer aisément sur ce calcaire tendre. « L'ardoise » redevenait propre. L'original est déposé au Musée archéologique d'Istamboul.

4.20, 21, 22
Le sanctuaire est situé dans un angle de la forteresse mise au jour à Arad et que les archéologues datent du règne de Salomon. On pense que ce sont les réformes imposées par Josias à la fin du VIIe siècle av. J.-C. qui ont entraîné sa destruction. Au centre d'une cour carrée de 10 m de côté avait été érigé, à un certain moment, un autel en briques. À une extrémité de la cour, une petite pièce abritait des bancs le long du mur et un « lieu saint » tout au fond. Sur chaque côté des marches d'entrée, se dressait une pierre en guise d'autel des parfums. Une dalle de pierre était posée verticalement contre le mur du fond. Nous ignorons quelle était la nature du culte célébré dans ce lieu.

Chapitre 5

5.1
La campagne militaire de Shéshonq en Palestine est racontée par une sculpture sur le mur d'un temple que ce roi avait commencé à construire en l'honneur de son dieu Amon, à Karnak. Cette sculpture comporte une longue liste de villes. Osorkon, le fils de Shéshonq, accorda de généreux dons d'argent et d'or aux dieux de l'Égypte ; cette fortune provenait en partie peut-être du butin que son père avait ramené de Jérusalem. Ce bracelet a été exécuté pour un autre fils de Shéshonq. Il mesure 7 cm de haut et se trouve au British Museum, sous le no 14594.

5.2
Baal était le dieu cananéen de la pluie et de la tempête, éléments indispensables à la culture céréalière. Son nom signifie simplement « seigneur ». Il était vénéré dans de nombreuses villes cananéennes, et lorsque le roi Achab épousa la princesse Jézabel de Tyr, le culte de Baal fut introduit en Israël. Baal était aussi connu sous le nom de Melqart.

5.3, 4
À Megiddo, une nouvelle muraille, solide, remplaça la muraille casematée de Salomon. Une nouvelle porte fut construite sur les vestiges de la précédente. Parmi d'autres édifices, on a découvert de longues salles, parcourues par deux rangées de piliers formant un couloir central. Des mangeoires en pierre reposaient entre ces piliers dont certains étaient troués de part en part. De là on a supposé que ces constructions étaient des étables. Mais des découvertes analogues faites à Haçor et ailleurs ont montré que ces bâtiments étaient en fait des entrepôts pour les marchandises perçues comme impôts. Les ânes pouvaient être attachés aux piliers et nourris pendant qu'on procédait à leur chargement ou à leur déchargement.

5.7
Ce sceau en pierre mesure 3,7 cm ; il est l'un des plus anciens sceaux hébreux découverts à ce jour.

5.8
Samarie est bâtie sur une colline isolée, au carrefour de la route Nord-Sud (par la plaine centrale) et de la route Est-Ouest vers la région côtière. De son sommet, il est possible d'apercevoir la mer Méditerranée. Oliviers et vignes se partagent les flancs des collines voisines et les vallées.

5.10
Les maçons israélites avaient amené l'art de la construction à un haut degré de perfection. Ils taillaient toutes les faces des blocs de calcaire cubiques, ne se contentant pas simplement d'une seule face polie, comme le faisaient leurs ancêtres. Les ruines du palais de Samarie offrent un bel exemple de cet art ; les pierres taillées supportent les murs du temple érigé par Hérode en l'honneur d'Auguste et de Rome, temple détruit puis reconstruit plus tard.

5.11
Le mobilier incrusté d'ivoire était un luxe très cher. Il provenait souvent du butin saisi par les rois assyriens ou du tribut payé à ces rois par leurs vassaux. La couleur crème, naturelle, de l'ivoire satisfait les goûts de nos contemporains, mais les anciens s'efforçaient de l'enrichir en recouvrant certaines sculptures de l'ivoire de feuilles d'or et en incrustant des petites pierres ou des morceaux de verre, bleus et rouges. Quelques fragments d'ivoires sculptés ont été découverts dans les ruines du palais de Samarie ; certains portaient ce motif. Des milliers d'autres fragments gisaient, brisés, dans les ruines des palais assyriens de Nimrud, au Sud de Ninive. Ces pièces se trouvent au British Museum.

5.12
La Pierre de Moab représente l'inscription la plus détaillée, trouvée en Palestine et en Jordanie, qui relate l'histoire de la période des rois.
Sa langue est très proche de l'hébreu biblique et son écriture ressemble tout à fait à celle des Israélites. Certains termes sont un écho des formules bibliques : Mésha affirme que son dieu Kémosh était en colère contre le pays, ce qui rappelle la colère de Dieu contre Israël, comme l'indique maintes fois le livre des Juges. Ce monument a été érigé en l'honneur de Kémosh pour la victoire qu'il avait accordée au roi moabite ; il fut sans doute placé dans son temple.
La Pierre de Moab mesure 1 m de haut ; elle se trouve au Musée du Louvre à Paris.

5.15
En fouillant les ruines des palais assyriens, dans les années 1840, les explorateurs français et anglais ont donné le coup d'envoi aux campagnes archéologiques du Proche-Orient. Les grandes pierres sculptées, exposées à Paris et à Londres, fascinèrent le grand public, surtout à partir du moment où l'écriture cunéiforme fut déchiffrée, confirmant du même coup l'existence de certains rois connus de l'histoire biblique.

5.16, 17
Salmanassar III (858-824 av. J.-C.) dut affronter une coalition de douze rois, dont le roi d'Israël Achab. Le combat eut lieu en Syrie, en 853 av. J.-C. En 841, Salmanassar, après une autre campagne militaire,

perçut un tribut du roi Jéhu qui s'était emparé du trône de Samarie. Il est possible que Jéhu ait cherché l'appui du roi assyrien pour affermir son règne. C'est sous le nom de « Fils d'Omri » que Jéhu fut considéré comme maître d'Israël, pays que les Assyriens avaient découvert pour la première fois sous le règne de la famille d'Omri.
L'Obélisque Noir se trouve au British Museum, sous le nº 118885. Il mesure 2 m de haut.

5.18
L'emplacement de Ninive n'a jamais été complètement oublié. Le site se trouve à l'opposé de la ville moderne de Mossoul qui s'est étendu, au-delà du Tigre, dans la direction de l'ancienne ville. Sennachérib (vers 700 av. J.-C.) reconstruisit les murailles de la ville, sur une longueur de 12,8 km et planta des vergers à l'intérieur de ce périmètre. Deux tertres de ruines recouvrent l'emplacement des anciens palais. L'un, Quyundjik, a été abondamment fouillé. Sur l'autre, se trouvent des maisons et d'après la tradition, le tombeau de Jonas ; d'où son nom : Nabi Yunus.

5.19
Ninive, du temps de Sennachérib pouvait s'enorgueillir de posséder quinze portes dont certaines étaient flanquées de pierres sculptées. On croyait que ces taureaux ailés à visage d'homme possédaient le pouvoir magique de maintenir les ennemis à l'extérieur de la ville.

5.20
L'artiste a voulu dépeindre un groupe de captifs emmenés en exil dans une autre partie de l'empire assyrien. Ce tableau émouvant rappelle que la condition de l'exilé n'était pas du tout celle de l'esclave ; les populations déplacées menaient une vie normale, sauf si elles tentaient de retourner dans leur région d'origine. Il existait néanmoins des hommes employés à de durs travaux pour le roi.
British Museum.

5.21
Pour sceller des documents, les Assyriens et les Babyloniens se servaient de petits cylindres de pierre. Les images sculptées sur la surface cylindrique laissaient leur empreinte lorsque le sceau était appuyé sur l'argile fraîche. Des spécimens comme celui-ci témoignent de la grande habileté des graveurs de sceaux qui devaient travailler sur de petites surfaces courbes.
British Museum.

5.22
Le roi se repose sur un divan et la reine est assise sur un fauteuil droit. Ils célèbrent leur victoire sur un ennemi élamite (dont la tête est suspendue à un arbre non représenté sur la photo). Sur cette sculpture qui mesure 50 cm de haut, l'artisan a inclu des détails intéressants sur les vêtements et les bijoux royaux (un collier est accroché à la tête du divan). La décoration du mobilier s'apparente aux ivoires sculptés (5.14). Alors que le couple royal mange sous une treille, des serviteurs agitent des chasse-mouches, et d'autres (non représentés sur cette photo) jouent des instruments de musique.
British Museum.

5.23
Il semble que la chasse aux lions avait pour but de montrer que la domination du roi s'étendait aussi bien sur les animaux que sur les humains. À l'époque assyrienne les lions étaient tenus en cages (*cf.* la fosse aux lions de Dn 6) ; puis ils étaient remis en liberté dans un domaine précis pour que le roi puisse les chasser. Ce bas-relief qui représente Assurbanipal conduisant une chasse aux lions constitue l'une des plus fines sculptures assyriennes. Si ces images correspondent à la réalité, elles impliquent que le royal chasseur de lions était doté de force autant que de courage !
British Museum.

5.25, 26
Les murs du palais de Sennachérib étaient recouverts de pierres sculptées comme celle-ci. C'était une manière de souligner la puissance de l'Assyrie et de faire admirer la perfection de son art à ses propres sujets comme aux visiteurs étrangers. Certaines sculptures étaient peintes. L'équipe d'ouvriers est constituée d'hommes déportés de pays en rébellion ; à en juger par leur tenue vestimentaire, certains de ces hommes venaient de Juda (voir 5.34).

5.27
Le « Prisme de Taylor » (et d'autres qui lui sont semblables) était écrit pour être placé dans les fondations de bâtiments royaux. Ces comptes rendus font état des succès militaires et décrivent les édifices. Ils avaient pour but de glorifier le dieu de l'Assyrie (Assur) par le biais des victoires de son vice-roi. C'est pourquoi ils ne mentionnent jamais les défaites. On espérait que les rois à venir découvriraient ces récits lors de réparations éventuelles effectuées sur les édifices, qu'ils honoreraient leurs prédécesseurs et loueraient leurs dieux. Ces inscriptions trouvées dans les fondations constituent la principale source de connaissance de l'histoire assyrienne.
British Museum, nº 91032.

5.28-32
Le tunnel d'Ézéchias serpente en sous-sol, au gré des failles naturelles qu'ont suivies les ouvriers qui creusaient dans la roche. L'inscription a été gravée dans la roche à la lueur d'une torche, à quelque distance de l'extrémité qui débouche sur la piscine de Siloé. C'est l'un des plus beaux spécimens d'écriture hébraïque que nous possédions pour la période contemporaine d'Ésaïe.

5.34, 36
Les Assyriens envahirent Lakish et toutes les villes du royaume de Juda ; l'invasion était une expédition punitive contre Ézéchias qui avait rompu l'alliance que son père Achaz avait conclue avec l'Assyrie et qui faisait de Juda un royaume vassal de l'Assyrie. La prise de Lakish semble avoir tellement impressionné Sennachérib qu'il en a fait sculpter l'histoire sur les murs d'une petite salle au centre de son palais.

5.37
Une brève inscription cunéiforme au-dessus du roi explicite la scène. Il est curieux de constater que si généralement les bas-reliefs étaient bien préservés, le visage de Sennachérib a été ôté de cette sculpture. C'est peut-être accidentel, mais on peut aussi raisonnablement penser qu'un prisonnier juif ait voulu se venger en illustrant l'assassinat du roi en 681 av. J.-C.
Les bas-reliefs représentant la prise de Lakish se trouvent au British Museum.

5.40
La ville de Tyr posait toujours un problème difficile aux attaquants, car elle était une île ! Les rois assyriens la menacèrent et lui imposèrent le blocus, mais ce fut Alexandre le Grand qui mit fin à son indépendance, en construisant un isthme artificiel qui relia la ville à la terre, et qui subsiste encore.

5.42
Ces panneaux en bronze étaient fixés sur les doubles portes d'un petit temple. Chaque porte mesurait 1,8 m de large et plus de 6 m de haut. Les petits détails figurant en haut des panneaux étaient donc invisibles du sol. Du point de vue du style, ces panneaux sont en tout point identiques aux sculptures sur pierre qui ornent les murs des palais : ils racontent la même histoire, celle de la puissance militaire assyrienne. Les inscriptions relatent les différentes scènes.
British Museum. Hauteur d'un panneau : 28 cm.

5.43
Les habitants fortunés de Jérusalem possédaient de grands tombeaux taillés dans les flancs de la vallée opposée à la Cité de David. On peut encore en voir aujourd'hui. Certaines comportaient des inscriptions. Celle-ci est la seule qui soit assez bien conservée. On y lit : « Voici (le tombeau de...) -iah, gouverneur du roi. Il n'y a ni or ni argent ici,

seulement (ses ossements) et les ossements de sa servante. Maudit soit celui qui l'ouvre ! » Si l'on peut identifier ce propriétaire au gouverneur royal qu'Ésaïe a réprimandé pour la splendeur de son tombeau, alors il se nommerait Schebnaiah, ou Schebna, forme abrégée du même nom. Découverte en 1870 et amenée au British Museum, l'inscription mesure 1,32 m.

5.44
Tout autour de la Jérusalem de l'Ancien Testament les rochers étaient creusés de chambres mortuaires. On y pénétrait généralement en descendant une ou deux marches. Les parois et le plafond étaient taillés dans la roche. On posait les morts sur des bancs en pierre aménagés dans la paroi. Tels étaient les tombeaux familiaux ; ils comprenaient souvent plus d'une chambre mortuaire. Au fur et à mesure des enterrements, les ossements les plus anciens étaient rassemblés et placés dans un puits creusé dans le sol, ou bien dans une petite pièce latérale (à droite de l'image). En même temps que le corps, on enterrait des récipients et des bijoux, et souvent une lampe restait allumée. Ces pratiques traduisent la croyance que les défunts avaient besoin d'un minimum de biens pour se rendre dans l'au-delà, et qu'après un certain temps leurs restes n'avaient plus grande importance. Une tombe découverte au sommet de la vallée de Hinnom abritait de riches défunts ; l'un d'eux portait encore de petits rouleaux d'argent comme amulettes. Les paroles de bénédictions de Nb 6:24-26 étaient écrites sur l'un des rouleaux. Le tombeau remonte à l'époque du prophète Jérémie. L'extrait du livre des Nombres constitue le plus ancien texte biblique écrit qui nous soit connu.

Chapitre 6

6.1
Après la mort d'Alexandre le Grand (323 av. J.-C.), Babylone vit son influence décroître. Au cours des siècles suivants, ses ruines servirent de carrières de briques où venaient s'approvisionner les maçons des villages voisins. La ziggourat Etéménanki fut ainsi peu à peu entièrement démolie, ne laissant sur le sol que l'empreinte de ses fondations.

6.2
Les Chroniques babyloniennes ne constituent pas un compte rendu détaillé officiel, mais une sélection d'extraits de chroniques plus complètes, que les scribes babyloniens avaient rédigées pour eux-mêmes. Quand la comparaison entre leur information et celle donnée par d'autres sources est possible, on s'aperçoit que leur récit est digne de foi. Cette tablette traite des projets militaires de Nabuchodonosor pour consolider l'empire au début de son règne. (Il devint roi en 605 av. J.-C. et régna jusqu'en 562 av. J.-C.). Après le déclin de l'Assyrie, les Égyptiens tentèrent de s'imposer en Syrie. Leur défaite à Karkémish mit fin à ces projets, en même temps qu'elle révélait la puissance montante de Babylone dont les armées conquirent la Palestine et se rendirent jusqu'aux frontières de l'Égypte. Elles occupèrent les collines de Juda pour bien s'assurer que ce royaume demeurait loyalement assujetti à Babylone. Mais des révoltes répétées contraignirent Nabuchodonosor à revenir en 598-597 et en 587-586 av. J.-C.

6.3
À cette époque, les armes étaient faites d'un alliage de bronze et de fer. Certaines flèches se terminaient par des pointes simples, à double tranchant ; d'autres possédaient trois pointes. Celles qui comportaient des barbelures étaient utilisées par les Scythes, tribus nomades venues d'Asie vers le Proche-Orient au cours du VIIe siècle av. J.-C. (Ashkenaz de l'AT).

6.5
De la Porte d'Ishtar partait la Voie processionnelle qui conduisait aux grands temples du centre de Babylone. Les statues des divinités étaient amenées en grand apparat le long de cette voie, à l'occasion des grandes fêtes religieuses ; certaines statues venaient d'autres villes. Les dalles de pierre qui pavaient les rues portaient le nom et les titres de Nabuchodonosor. Les briques utilisées pour la construction de la porte et des murs étaient cuites dans des fours à l'extérieur de la ville. L'un de ces fours pourrait avoir été la fournaise chauffée à blanc pour consumer les amis de Daniel (Dn 3).

6.7
C'est l'historien grec Hérodote qui, un siècle après Nabuchodonosor, a mentionné les « Jardins Suspendus » ; l'histoire babylonienne n'en parle pas. Mais les rois assyriens, babyloniens et perses entretenaient de splendides jardins pour leur propre plaisir ; il est donc possible qu'une partie du domaine des palais de Babylone ait été aménagée en terrasses recouvertes de jardins, imitant le relief de collines. Hérodote déclare que le roi créa ces jardins pour le plaisir d'une princesse étrangère qui soupirait après ses montagnes natales.

6.8
Les Hébreux écrivaient leurs lettres et autres documents sur du papyrus, un support fabriqué à partir des roseaux qui poussaient dans la vallée du Nil. Lorsque le papyrus était trop cher, ou que les messages étaient brefs ou d'intérêt passager, on écrivait sur des tessons trouvés en abondance sur le sol. En raison de l'humidité du sol palestinien, le papyrus n'a pas pu se conserver. Par contre les fragments de poterie ont survécu. Ceux trouvés à Lakish, montrent comment se présentait l'écriture hébraïque au temps de Jérémie. Les « Lettres de Lakish » sont, dit-on, des rapports militaires envoyés à Lakish par des soldats d'un poste avancé. Plusieurs tessons proviennent du même vase, ce qui semblerait confirmer l'hypothèse émise récemment selon laquelle ces écrits étaient des projets de lettres qui auraient ensuite été transcrites sur du papyrus et envoyées à Jérusalem.

6.9
Nabonide avait été à la cour de Nabuchodonosor et de ses successeurs. En 556 av. J.-C., il monta sur le trône. Pour des raisons inconnues, il quitta Babylone pour Téma en Arabie où il resta dix ans. Pendant ce temps il confia le pouvoir à son fils Balthazar, dont le caractère nous est connu par le livre de Daniel. Avec Nabonide prend fin la dernière phase de l'indépendance de l'empire babylonien. Cet empire s'était développé sous l'impulsion des rois chaldéens, à partir de 626 av. J.-C. Sous la domination perse, il ne fut plus qu'une province importante parmi d'autres.

6.10
Les Babyloniens, alliés aux Mèdes de la Perse occidentale avaient conquis Ninive en 612 av. J.-C. et provoqué le déclin de l'empire assyrien. Cyrus, le Perse, mit fin à la suprématie des Mèdes en 549 av. J.-C. et étendit son pouvoir jusqu'en Anatolie. Puis il se tourna contre Babylone. En 539 av. J.-C., profitant du système des canaux et des écluses qui protégeaient la ville des inondations, il dériva les eaux de l'Euphrate et pénétra dans la ville en empruntant le lit du fleuve asséché. « Cette même nuit, Balthazar, roi des Chaldéens, fut tué » (Dn 5:30). D'après la tradition, Nabonide se serait vu confier un poste dans une province lointaine.

Chapitre 7

7.1
Le Cylindre de Cyrus célèbre l'initiative du roi qui renvoya dans leurs pays d'origine tous les dieux pris par les Babyloniens, et rétablit le culte de Mardouk à Babylone. Nabonide avait modifié les rites religieux et rassemblé diverses statues de divinités dans la capitale, au cours de ses réformes peu orthodoxes. La politique de Cyrus imitait celle des anciens rois : se faire accepter par les nouveaux sujets, et ainsi pacifier le pays. Le Cylindre confirme d'autres preuves, et notamment le récit biblique : les rois perses voulaient que leurs sujets loyaux puissent adorer leurs dieux comme ils le voulaient.
British Museum nº 90920.

7.3
Ce cylindre en agate de 3,7 cm de haut, était gravé sur toute sa surface de manière à laisser une empreinte lorsqu'il était roulé sur de l'argile. Le motif présente le roi chassant un lion, symbole ancien et répandu du pouvoir royal ; derrière le roi un palmier-dattier, emblème de fertilité, et au-dessus, Ahura-Mazda, le dieu suprême qui protège le roi. Ce sceau a vraisemblablement été fait pour un gouverneur en poste en Égypte, car c'est là qu'il a été trouvé. Le nom et les titres du roi Darius sont indiqués en trois écritures différentes : le vieux perse, la langue babylonienne et le cunéiforme.
De l'an 500 av. J.-C. environ. British Museum, nº 89132.

7.4
Darius I explique dans cette sculpture comment il pacifia l'empire après la mort de Cambyse, le fils de Cyrus, au cours d'une révolte (522 av. J.-C.). Darius appartenait à une autre branche de la famille royale et affirmait être le seul capable de remettre de l'ordre dans le royaume. Il vainquit et mit à mort celui qui prétendait être le frère de Cambyse et écrasa ses partisans répandus en Perse, en Mésopotamie et en Arménie. Pour que chacun puisse savoir à quel point il était puissant, Darius fit graver ses exploits sur une face rocheuse, en babylonien, en élamite et en vieux perse, et en fit des copies qui circulèrent dans tout l'empire. (Une copie araméenne de ce récit a été trouvée près d'Assouan, en Égypte.) Darius attribuait sa victoire à Ahura-Mazda, une divinité ailée qui menace les rebelles.

7.5
Suse, dont Darius fit sa capitale, était plus proche du pays des Perses que Babylone. Comme à Babylone, la plupart de ses édifices étaient en briques. Les frises du palais représentent des animaux mythologiques, identiques à ceux de la Porte d'Ishtar (voir 6.5,6) ainsi que la garde. Les membres de la garde royale, au nombre de 1 000 vaillants soldats, étaient appelés les « Immortels » parce que si l'un succombait, il s'en trouvait immédiatement un autre pour le remplacer.

7.6, 7
Nous ne savons pas exactement pourquoi Darius fit ériger le splendide palais de Persépolis. Peut-être s'y déroulait-il des cérémonies spéciales lors du Nouvel An ? Peut-être ce souverain avait-il un lien particulier avec les habitants de cette région ? Les tombeaux de Darius, de Xerxès et d'autres rois s'élèvent non loin de cet endroit. Quel que soit le motif premier de son érection, le palais servait aussi à mettre en relief la splendeur du règne de Darius. Il est en pierres de taille, avec des chapiteaux finement ouvragés ; on y voit également des rangées de personnages apportant des présents, des haies de gardes, et une sculpture du roi lui-même. Tout converge vers le roi, car il occupe une position centrale dans l'empire.

7.8
Darius tient un sceptre qu'il peut tendre, en signe de faveur, à celui qui paraît en sa présence (*cf.* Est 5:2). Le personnage qui se tient en retrait est souvent identifié à Xerxès, le successeur de Darius et celui qui épousa Esther.

7.9
La destruction de Persépolis fut totale. Les rois perses avaient accumulé un immense trésor, dont les archéologues n'ont quasiment rien récupéré, ni en or ni en argent, si ce n'est une poignée de pièces de monnaie. Les historiens grecs rapportent qu'Alexandre fit main basse sur plus de 9 000 tonnes d'or lorsqu'il s'empara des palais (voir les notes 14, 15, 16).

7.10, 11, 12, 13
La richesse des Perses provenait en partie des tributs annuels perçus qui sont décrits ici. Outre les produits de la terre, les provinces fournissaient au roi les ouvriers habiles dont il avait besoin pour construire ses palais. Les Grecs ioniens de la côte Ouest de la Turquie s'étaient spécialisés dans le travail de la pierre, les Égyptiens dans le travail du bois et les Babyloniens dans la fabrication des briques. Le style des décorations porte la marque de l'Assyrie, mais les motifs ont lentement évolué pour adopter des formes plus arrondies et mieux finies.

7.14, 15, 16
Le Trésor d'Oxus constitue un bel exemple de la richesse de l'empire perse. L'or était essentiellement entre les mains du roi, de ses gouverneurs et des grands propriétaires terriens. Une partie de cet or était stockée sous forme de pièces de monnaie ou de lingots, mais une quantité importante de ce métal précieux servait à la décoration. L'or intervenait pour beaucoup aussi dans les services de table. Ce qu'exposent les musées ne représente qu'une petite fraction de tout ce qui était en usage dans les palais comme celui de Suse. Les grandes quantités d'or accumulées dans les cachettes des palais et dans les temples constituaient d'une part des réserves pour les temps difficiles, mais, d'autre part, un butin très tentant pour les voleurs et les envahisseurs. Avec l'évolution des goûts et de la mode, la plupart des objets en or étaient fondus et retravaillés. Ce bracelet a 11,5 cm de diamètre ; l'oie mesure 10,7 cm de long et le bol 12,1 cm de diamètre.

7.17
On a retrouvé, en plusieurs endroits du Proche-Orient, des vases semblables à celui-ci. Les rois perses les avaient sans doute envoyés, remplis de parfum, à leurs amis intimes ; peut-être ne sont-ils que les vestiges du pillage des palais perses.

7.19
Il n'y a qu'en Égypte et dans quelques régions sèches de la vallée du Jourdain que des documents écrits à l'époque perse sur du papyrus ou sur du cuir ont survécu. Une importante documentation découverte sur l'île d'Éléphantine, en face d'Assouan, sur le Nil, raconte les péripéties vécues par la communauté juive de cette île, au Vᵉ siècle av. J.-C. Persécutés par leurs voisins païens, les Juifs avaient écrit au roi perse, qui leur accorda la permission de célébrer la Pâque. On trouve aussi dans ces papyrus des contrats de mariage, des actes de vente et des testaments. En Perse où le papyrus ne se conservait pas, on se servait du cuir comme support d'écriture. Cette lettre écrite sur du cuir a été envoyée par le roi perse, de Babylone ou de Suse, au gouverneur de l'Égypte pour exiger la libération de certains étrangers retenus à tort.
400 av. J.-C. ; Bodleian Library, Oxford.

Chapitre 8

8.1
Sous la conduite de Périclès, Athènes atteignit son « Âge d'Or » entre 443 et 429 av. J.-C. La ville commandait une ligue de cités grecques. La richesse accumulée permit de doter la ville d'édifices aux sculptures si parfaites qu'ils ont acquis, depuis, le statut de modèle accompli de la perfection artistique. Le sculpteur Phidias érigea dans le Parthénon la statue chryséléphantine de la déesse Athéna, haute de 12 m. Le Parthénon est un temple dorique. La sobriété de ses lignes est le résultat d'un esprit génial qui a su associer solidité et légèreté. Les lignes, qui semblent droites, sont en fait légèrement courbes. Ainsi, chaque colonne s'amincit du bas vers le haut ; mais elle est très légèrement bombée en son milieu ; de même, le soubassement s'élève insensiblement au centre. Ces deux artifices d'architecture évitent l'impression de concavité qu'auraient inévitablement laissée des lignes droites.

8.2
La partie supérieure du mur du Parthénon comporte une frise dont les sculptures n'étaient visibles qu'aux observateurs proches. Ce bandeau sculpté représentait la procession des Panathénées qui se tenait tous les quatre ans et au cours de laquelle la statue d'Athéna recevait son nouveau péplos. Dans la procession figurent les personnalités de la ville, les fonctionnaires, les victimaires apportant les animaux du sacrifice, et des cavaliers qui les accompagnent. Les plaques de marbre, d'environ 1 m de haut, étaient peintes de couleurs vives. British Museum.

8.3
Le monument des Néréides était en fait un tombeau en forme de petit temple bâti sur un socle élevé dont les côtés étaient ornés de deux rangées de bas-reliefs. Cette pierre en est un fragment. British Museum.

8.6-11
Les potiers grecs ont porté leur art à un niveau qui n'a jamais été dépassé. Leurs plus beaux vases peints étaient décernés comme prix lors de compétitions sportives ou autres (de nos jours encore des coupes sont offertes comme récompense). 8.8 en est un modèle. Les différences observées dans le style et les couleurs s'expliquent par la diversité des origines et des époques. Ainsi 8.10 est peint en rouge et noir, pratique courante à Corinthe, tandis que 8.8, 9, 11 sont en noir, couleur en vogue à Athènes.

8.13
Baalbek (dont le nom sémitique signifie « dieu de la vallée ») était un lieu où on adorait le soleil. Les Grecs l'appelaient Héliopolis, la « Ville du Soleil ». Ce sont les empereurs romains qui, au IIe siècle de notre ère, y ont élevé les grands temples. Ces empereurs identifiaient le dieu-soleil à Jupiter. Ici se mêlent la culture grecque, la religion romaine et les traditions locales antiques. Les six colonnes du temple de Jupiter qui subsistent encore, mesurent 20 m de haut.

8.14, 15
La ville de Jérash fut fondée par Alexandre ou par son général Perdiccas. Une colonie de Macédoniens s'y établit. La photographie fait ressortir le plan bien quadrillé, typique des villes grecques. Sous la tutelle romaine, au premier et au second siècle, Jérash connut un essor : des rues à colonnades, des temples et le mur d'enceinte furent construits. Gadara était elle aussi une ville gréco-romaine, mais plus petite. Elle s'appelle aujourd'hui Umm Qeis. La ville moderne abrite encore les ruines d'un théâtre.

8.17
Le théâtre de Bet-Shân date de l'an 200 av. J.-C. environ. Il pouvait contenir 5 000 personnes. Récemment on a mis au jour les ruines d'un amphithéâtre romain dans lequel se déroulaient des combats d'hommes et de bêtes.

8.18
Le fait que les sculptures grecques des Ve et IVe siècles av. J.-C. furent constamment reproduites par la suite et que des collectionneurs de l'époque romaine aient accepté de payer le prix fort pour les acquérir prouve à quel point cet art était renommé. Cette pièce montre le problème auquel étaient confrontés les philosophes grecs et qui en conduisit certains à l'athéisme : ils concevaient les divinités en termes humains, ils les décrivaient comme des humains et conclurent qu'ils ne pouvaient avoir pour eux aucune vénération particulière.

8.19
Des tablettes de bois, recouvertes de cire sur une face, servaient généralement de blocs-notes. Les caractères imprimés dans la cire au moyen d'un stylet s'effaçaient aisément par simple pression de la partie plate. De nombreux exemples de ces écritoires ont été découverts dans tout l'empire romain, depuis le Nord de la Grande-Bretagne jusqu'en Égypte. Ces deux tablettes n'étaient pas recouvertes de cire ; peut-être portaient-elles un texte que l'élève voulait étudier plus longuement.
Trouvées en Égypte.

Chapitre 9

9.2, 3
Prendre ces paroles à la lettre consistait à porter des phylactères sur la tête et en haut du bras gauche, c'est-à-dire près du cœur. Cette pratique remonte au moins au IIe siècle av. J.-C. Mais rien ne prouve que le commandement devait être interprété si littéralement. Les phylactères modernes sont plus grandes. Les échantillons trouvés avec les rouleaux de la mer Morte, et qui datent du Ier siècle de notre ère, sont beaucoup plus petits : à peine plus de 2 cm de long sur 1,3 cm de large. Ils devaient être probablement assez peu voyants. Cela explique mieux le jugement sévère porté par Jésus contre ceux qui portaient de « larges phylactères » (Mt 23:5) afin d'étaler leur piété.

9.4
Cette vue est prise du côté Sud en direction de l'emplacement autrefois occupé par le temple. Au premier plan on aperçoit les fouilles qui ont mis au jour des ruines du Moyen Âge et quelques vestiges du temple d'Hérode, érigé sur l'emplacement du temple de Salomon et dont on n'a retrouvé aucune trace. Il est actuellement impossible d'effectuer des fouilles à l'intérieur de cette zone parce qu'elle est considérée comme sacrée par les musulmans. Tout cet emplacement avait été nivelé par Hérode. À l'extrémité Nord, la colline avait été entaillée ; à l'extrémité Sud, elle avait été rehaussée artificiellement par une terrasse en pierres. Certains de ces ouvrages subsistent, ayant été maintes fois reconstruits et réparés depuis le Ier siècle. L'emplacement est traditionnellement désigné sous le nom « d'écuries de Salomon ». Tout près de la façade Ouest du temple, une profonde vallée sépare cet emplacement du reste de la ville. Hérode fit construire des ponts avec voûtes pour relier ce quartier à certaines des portes Ouest de la ville. De l'angle Sud, une volée d'escaliers descendait jusqu'à la rue qui longeait le mur. Deux portes donnaient accès au temple, du côté Sud. On y montait par des marches, et des rampes inclinées conduisaient au niveau du parvis intérieur. Certaines de ces marches ont été récemment retrouvées.

9.6
Les blocs de pierre étaient taillés avant d'être assemblés. On laissait un bossage rectangulaire sur la face tournée vers l'extérieur. Certains de ces blocs mesurent 7 m de long et pèsent plus de 100 tonnes. La partie inférieure de la terrasse située à l'extrémité Sud du mur d'enceinte du temple ainsi que les côtés Est et Ouest, sont les vestiges des travaux ordonnés par Hérode. Ils incluent le mur Ouest ou Mur des Lamentations.

9.7
Quand Titus, victorieux, revint à Rome, il reçut un accueil triomphal de la part de Vespasien, son père, qui lui avait laissé le soin de terminer cette campagne, se réservant, quant à lui la conquête du trône impérial. Le butin et les prisonniers furent exhibés dans toute la ville afin que tous puissent les contempler. Sur une face de l'Arc de Titus est immortalisée cette scène. C'est la seule représentation que nous possédions du mobilier du temple de Jérusalem. Durant la célébration de la victoire, 2 500 prisonniers juifs furent livrés aux bêtes ou tués dans des combats contre des gladiateurs à l'occasion de spectacles donnés pour l'anniversaire de Domitien, le frère de Titus. Titus fut empereur de 79 à 81.

9.8
Voici le sens de cette inscription : « Aucun étranger ne peut franchir la barrière qui entoure le temple. Celui que l'on surprendra sera responsable de la mort qu'il subira. » Des traces de peinture rouge subsistent sur les caractères du fragment découvert en 1936, ce qui tend à montrer que l'écriture était très lisible à l'origine. Le bloc de calcaire complet mesure 86 cm. Actes 21 raconte l'émeute survenue à cause de Paul et de son ami. En Ep 2:14 Paul explique que cette interdiction est devenue caduque, car le Christ « a renversé le mur de séparation ».

9.9
On a retrouvé très peu de vestiges de synagogues du Iᵉʳ siècle. Celle de Masada (10.20) et celle d'Hérodium (10.18) avaient été construites par les insurgés en 66 de notre ère, à l'intérieur des forteresses d'Hérode. Une autre, découverte à Gamla, au Nord-Est de la Galilée, était une simple synagogue de village. Mais toutes suivent le même plan : une salle toute simple, avec des sièges en gradins sur chaque côté de sorte que la congrégation puisse voir et entendre celui qui était au centre et qui faisait la lecture.

9.10, 11, 12, 13
Les ruines imposantes de la synagogue de Capharnaüm datent probablement du IVᵉ siècle de notre ère, bien que des savants lui attribuent une date antérieure (200 ap. J.-C.). L'édifice était construit en calcaire blanc importé, car localement on ne trouvait que du basalte noir. Les fines sculptures attestent que seul un riche habitant ou une riche communauté a pu faire ériger un tel bâtiment. La maison de Pierre serait, d'après la tradition, celle qui est contiguë à la synagogue. Sous la synagogue en pierres blanches, on a trouvé quelques vestiges d'une synagogue plus ancienne, en basalte noir ; il pourrait s'agir de celle bâtie par le centurion romain. La vigne et le palmier-dattier sculptés symbolisent la fertilité du pays ; le chandelier, la pelle à encens et la corne de bélier sont des emblèmes religieux ; le dessin du chandelier ressemble à celui qui figure sur l'Arc de Titus (9.7).

9.14
Quand une copie d'un livre biblique était endommagée ou était devenue impropre à la lecture, les Juifs pieux ne la conservaient pas ; mais ils ne la détruisaient pas non plus, car en la détruisant, ils estimaient profaner le nom de Dieu écrit sur ses pages. C'est pourquoi ils cachaient les vieux rouleaux dans des placards ou les enterraient pour qu'ils pourrissent naturellement. Pour ces raisons aucune copie de livres de la Bible hébraïque, autres que celles trouvées dans les rouleaux de la mer Morte ne nous est parvenue. Les plus anciennes copies connues avant les découvertes de 1948 dataient du Xᵉ siècle. Leur grande ressemblance avec les manuscrits de la mer Morte témoigne du soin et de la précision dont faisaient preuve les scribes chargés de recopier les livres sacrés de génération en génération. Les rouleaux de la mer Morte mentionnent tous les livres de l'AT, à l'exception de celui d'Esther.

9.15
Les membres de la communauté de Qumrân se servaient de certaines grottes comme lieux d'habitation. Onze grottes abritaient des rouleaux ; c'était sans doute une partie des livres que les occupants des grottes abandonnèrent lors de l'arrivée des Romains. Une grotte au moins, celle qui porte le nᵒ 4 et que l'on aperçoit au centre de la photographie, servait de cachette pour 400 rouleaux environ. Malheureusement les effets conjugués du temps et des rôdeurs les ont transformés en milliers de fragments difficiles à lire. Le puzzle est quasiment impossible à reconstituer. Outre les copies des livres vétéro-testamentaires, les rouleaux comprennent aussi celles de livres apocryphes tels que l'Ecclésiastique, ainsi que les règles de la communauté et ses propres écrits, que l'on pensait perdus à jamais.

9.16, 17
Les Esséniens constituaient un groupe profondément religieux. Leur fondateur, le Maître de Justice, s'était séparé du judaïsme officiel, au cours du IIᵉ siècle av. J.-C. Il se basait sur un autre calendrier, et ne pouvait donc plus s'associer aux cérémonies du temple. Il avait imposé à la communauté des règles de conduite et de pureté plus rigides encore que celles des Pharisiens. Avec quelques raisons, ses disciples établirent leur quartier général dans un endroit isolé, au bord de la mer Morte. Ils y menaient une vie monastique, les produits d'une ferme située près des rives de la mer Morte suffisant presque à leurs besoins. Leur expérience prit fin avec l'arrivée des Romains en 68 de notre ère ; leurs bâtiments servirent de poste avancé à une garnison romaine.

9.18
Les « Hymnes d'actions de grâces » furent écrits par le Maître de Justice ou par ses disciples. Ils s'inspirent des psaumes bibliques, mais ces prières ou ces chants de reconnaissance ont une forme plus individualiste. L'un des principaux sujets de louange envers Dieu concerne le choix du responsable de la communauté des fidèles et son privilège de posséder une certaine connaissance des mystères du dessein futur de Dieu.

9.19
Ayant été longtemps exposés à la chaleur sèche de cette région, les rouleaux sont devenus très friables. Ceux qui, comme cet exemplaire, ont souffert d'une longue exposition à l'air, doivent être humidifiés afin de rendre une certaine souplesse au cuir avant d'être déroulés. Certains fragments n'ont pu être détachés qu'après avoir séjourné quelque temps dans un réfrigérateur, car les bords du cuir étaient gluants. Après les différents traitements, les rouleaux et les fragments sont placés entre des plaques de verre.

Chapitre 10

10.1
Généralement Rome prenait le pouvoir dans les pays conquis, en nommant des consuls ou d'autres administrateurs. Mais si les Romains trouvaient un dirigeant autochtone en qui ils pouvaient avoir confiance, ils lui permettaient souvent de gouverner son pays en l'assujettisant à un tribut et en lui imposant un traité. Telle était la position d'Hérode et de ses fils en Palestine et dans les contrées qu'ils contrôlaient. Parmi les gouverneurs romains, certains se montraient bienveillants et efficaces, d'autres durs et intolérants, d'autres encore cherchaient surtout à tirer personnellement le meilleur parti de leur fonction. Ponce Pilate, qui ne fut pas un gouverneur de premier ordre, fut finalement rappelé à cause de son incapacité à régler les problèmes juif et samaritain (37 ap. J.-C.).

10.4
Les Daces qui vivaient au Nord du Danube (Roumanie actuelle) constituaient une menace permanente pour la région située au Sud du fleuve, et qui était sous contrôle romain. À maintes reprises les Daces franchirent le Danube qu'Auguste avait fixé comme frontière. Trajan se mit donc deux fois en campagne, en 101-102 et en 105-106 ap. J.-C. et fit de la Dacie une province romaine. La colonne Trajane commémore ses victoires daciques. Autour du fût se déroule un immense bas-relief disposé en spirale qui dépeint les actions et l'équipement des armées romaines. Au sommet de la tour se tenait la statue de l'empereur, les bras étendus sur la ville, en signe de protection.

10.6
Après avoir affermi son trône, Auguste entreprit la réforme de l'administration et l'amélioration des voies de communication. Pour avoir un contrôle exact des revenus de l'empire, il fit ordonner un recensement de chaque province avant de percevoir l'impôt dû par tous les sujets. Au cours du premier siècle, le recensement avait lieu, en principe, tous les 14 ans. C'était une entreprise de longue haleine, qui ne débuta pas simultanément dans toutes les provinces de l'empire. L'impôt était d'un denier par personne. Le denier est la pièce de monnaie dont se servit Jésus pour déjouer le piège tendu par les Pharisiens qui voulaient le faire accuser d'être opposé au paiement de l'impôt aux Romains (Lc 20:20-26).

10.7
Claude devint empereur en 41 ap. J.-C., simplement parce qu'il était le seul membre de la famille impériale présent. Il réforma l'administration et s'efforça d'être juste dans un milieu particulièrement corrompu. Il chassa les Juifs de Rome à cause des querelles engendrées suite aux menées d'un certain Chrestus. Quelques-uns ont pensé que ce nom était une déformation du nom de Christ, mais rien ne confirme cette hypothèse. Claude eut aussi à faire face à l'agitation provoquée par les Juifs à Alexandrie, en Égypte ; mais là non plus, rien ne permet de mettre en cause le christianisme.

10.11
Des lampes identiques à celle présentée ici étaient fabriquées en Italie au cours du Ier siècle, exportées et imitées très largement. Elles étaient façonnées dans un moule portant l'empreinte du motif. Celle-ci, d'une taille adaptée à la main, pouvait éclairer pendant plusieurs heures. L'huile était versée par le trou central, la mèche de tissu ou de fibre passait par le bec. De temps à autre il fallait tirer sur la mèche pour lui permettre de se consumer et d'éclairer. En Judée, les lampes de ce type étaient lisses, et ne comportaient certainement aucune représentation de personnages, à cause de l'interprétation que les Juifs avaient donnée au second commandement.

10.13
Le Mithriacisme est issu de la religion perse et fut largement adopté par les soldats romains. Ses adeptes étaient initiés au cours d'une cérémonie où le sang d'un taureau sacrifié était répandu sur eux, au-dessus d'une fosse. Ce taurobole évoquait la vie nouvelle. C'est ainsi que Mithra avait apporté le salut au monde. Dans cette religion à mystère, les membres de la congrégation étaient liés les uns aux autres par un serment de loyauté et par le partage de la connaissance des secrets. Ce culte comportait sept grades avant le degré suprême. Par la communion établie entre ses membres, par l'idée de salut et par la promesse d'une vie heureuse après la mort, le Mithriacisme s'érigeait en religion rivale sérieuse du Christianisme. Mais outre d'importances différences théologiques, le mithriacisme se distinguait du christianisme par le fait qu'il n'admettait pas les femmes comme adeptes.

10.14
L'armure de ce soldat se compose d'un justaucorps en cuir sur lequel sont fixées des lamelles métalliques et d'une fustanelle en cuir également recouverte de plaques de fer. Un casque de fer protège sa tête et des jambières métalliques entourent ses mollets. Ses sandales en cuir pouvaient avoir une semelle cloutée. Quand il était armé, il tenait un javelot et un glaive était passé en bandoulière sur sa poitrine.
British Museum. Du second siècle ap. J.-C.

10.15
La forteresse Antonia ayant complètement disparu, toute reconstitution s'avère hypothétique. On a longtemps pensé que l'arche « Ecce Homo » de la Via Dolorosa à Jérusalem en faisait partie ; il semble cependant qu'il s'agisse plutôt d'un vestige des travaux de reconstruction entrepris par Adrien après 135 de notre ère. Les Romains avaient exigé que les vêtements cérémoniels du Grand-Prêtre fussent gardés à l'intérieur de la forteresse durant de nombreuses années ; ils permettaient seulement qu'ils soient pris une semaine avant chacune des grandes fêtes solennelles. Plusieurs passages spéciaux reliaient la forteresse Antonia au temple, de sorte que tout mouvement suspect nationaliste ou religieux pût être rapidement localisé et neutralisé. Tel fut le cas de l'incident survenu à Paul (voir 9.8).

10.17, 18
Cette vue aérienne souligne la qualité des positions défensives de la forteresse d'Hérode (comme à Masada, illustr. 20). Hérodium devait être le lieu de sépulture du roi, mais on n'a retrouvé aucun vestige de tombeau. Toutes ces forteresses avaient été construites dans le style romain, c'est-à-dire avec un raffinement de décorations presque excessif. Les murs étaient plâtrés et peints en imitation du vrai marbre ; un carrelage de fines mosaïques recouvrait le sol des salles de bains, et nous pouvons imaginer que le mobilier était des plus luxueux. Dans chaque forteresse un bataillon de serviteurs et d'esclaves s'affairait à balayer et à polir, à chercher de l'eau et à prendre soin des jardins.

10.19
Le palais d'Hérode à Jérusalem occupait l'emplacement de la présente citadelle. Il n'en reste pratiquement rien. Mais d'après les vestiges des forteresses et du vaste palais de Jéricho, on peut imaginer qu'il était somptueux. Les demeures particulières exhumées à Jérusalem démontrent que de nombreux artisans habiles étaient à l'œuvre dans la ville, et qu'ils étaient très bien informés des dernières modes romaines.

10.20, 21, 22
À l'extrémité Nord de Masada, Hérode possédait un palais extraordinaire, bâti sur trois niveaux, à flanc de falaise (n° 21). Il était admirablement décoré et offrait un panorama exceptionnel sur les rives de la mer Morte et jusqu'en Transjordanie. Les fortifications d'Hérode et l'immense réserve d'eau conçue par les architectes, permirent aux révoltés de résister longtemps au siège imposé par les Romains. La forteresse ne fut plus occupée ensuite que par une petite garnison romaine. Au Ve et VIe siècles, un monastère y fut aménagé. Grâce à la chaleur sèche qui y règne, des matériaux tels qu'un châle, des

sandales, des cheveux, des peignes en bois, des récipients en bois, de la vannerie et des objets en cuir, qui auraient pourri ailleurs, se sont admirablement conservés ici. En plusieurs endroits, on a retrouvé des fragments de rouleaux bibliques et d'autres livres.

10.23
Les Nabatéens étaient une tribu arabe qui occupait le territoire édomite depuis le IVe siècle av. J.-C., date à laquelle les Édomites s'étaient installés au Sud de la Judée. Pétra commandait le principal accès à l'Arabie du Sud, sur la route qu'empruntaient les caravanes apportant l'encens au port de Gaza, d'où il était acheminé dans toutes les parties de l'empire romain, pour les besoins des cultes. Ce commerce fit la fortune de Pétra. Après la tentative manquée d'Auguste de conquérir l'Arabie, les rois Nabatéens entretinrent des relations paisibles avec l'empire romain. Ils furent cependant vaincus par Trajan, en 106 ap. J.-C. Dès lors cette région connut le déclin.

10.24
Pétra se trouvait au fond d'une vallée bordée de falaises abruptes. La ville a été détruite par de nombreux séismes ; des monticules de pierres attendent de faire l'objet de fouilles. Les morts étaient enterrés dans les grottes creusées dans les falaises. Les familles riches exigeaient des tombeaux de plus en plus somptueux, avec des façades sculptées qui leur donnaient l'apparence d'édifices majestueux. Le plus somptueux de tous est sans conteste le « Trésor » dont on aperçoit le portique ; sa façade taillée dans le roc ressemble à celle d'un édifice en pierre de taille, et associe les styles égyptien, phénicien et grec.

Chapitre 11

11.6
La tradition identifie Cana à Kefr Kenna, village situé sur la route qui mène de Nazareth à Tibériade, où se trouve l'église. D'autres savants suggèrent un site différent, celui de Khirbet Kana, au nord de Nazareth. Seule la découverte d'une inscription résoudrait le problème de la localisation exacte. Les jarres utilisées pour le miracle servaient aux purifications rituelles ; on en a retrouvé à Jérusalem, dans les ruines de maisons datant du Ier siècle.

11.7
Voir au chapitre 9, les illustrations 10-13 relatives à la synagogue de Capharnaüm. Dans cette ville, Matthieu était chargé de percevoir les taxes sur les marchandises en provenance de la région gouvernée par Hérode Philippe, à l'Est du Jourdain.

11.13
La piscine de Bethesda, à côté de l'actuelle église Ste-Anne, fut construite vers 200 av. J.-C. pour fournir l'eau nécessaire au temple. Il semble qu'il y ait eu deux piscines séparées par un portique, d'où les cinq portiques, au total. Bien qu'Hérode ait construit une piscine plus près du temple, celle-ci resta ouverte. Au IIe siècle, un autel y fut érigé, en l'honneur d'Esculape, le dieu de la médecine. Les arcades de pierre, visibles sur cette photo, et qui reposaient sur le roc, au fond de la piscine, à 13 m sous le niveau du sol actuel, supportèrent en partie une église construite plus tard sur cet emplacement. Une partie de la piscine seulement a pu être excavée ; une autre sert de base à divers bâtiments, et le reste est comblé par la terre.

11.16
Bien que ces grands pavements soient certainement romains, on ne croit plus aujourd'hui qu'ils recouvraient la cour de la forteresse Antonia, le palais de Pilate (voir chapitre 10, l'illustration 15). À la lumière de découvertes récentes et d'autres études, il semble que ces dalles proviennent de la reconstruction de Jérusalem, baptisée Aelia Capitolina, par Adrien, après l'écrasement de la seconde révolte menée par Bar-Kokheba, en l'an 135. Que des soldats de la garde de Pilate aient gravé des jeux de ce genre sur des pierres analogues est très probable.

11.17
Cette inscription de Pilate fut réutilisée comme pavé lors des transformations apportées au théâtre de Césarée au IVe siècle. Une partie de l'inscription fut effacée à coup de burin. Il semble que sur cette pierre ait été relatée la construction par Pilate d'un temple ou d'un autre monument, en l'honneur de l'empereur Tibère. Sur la seconde ligne, on peut lire (PON)TIVS PILATVS. L'inscription est en latin, la langue officielle du gouvernement romain, bien que le grec fût plus répandu. La pierre mesure 82 cm de haut et 68 de large.
Musée Israélien.

11.18
Les murs actuels de la Vieille Ville de Jérusalem remontent à l'époque du sultan turc Soliman, au XVIe siècle. Ils respectent le tracé de murs plus anciens, sur la plus grande partie de leur longueur. Les touristes trouvent étrange que le Calvaire soit situé à l'intérieur du périmètre ainsi délimité, dans l'église du Saint-Sépulcre, et préféreraient le situer à l'extérieur. Cependant le mur Nord actuel est construit sur un mur érigé par Hérode Agrippa après la crucifixion. Au début du Ier siècle, le mur passait plus au Sud et obliquait, laissant à l'extérieur les sites traditionnels du Calvaire et du Saint-Sépulcre. Bien que l'authenticité de ces lieux n'ait pas pu être certifiée, il existe plus de présomptions en leur faveur qu'en faveur de ce site connu sous le nom de « Calvaire de Gordon ».

11.19
Au Ier siècle, des grottes artificielles servaient de tombeaux aux Juifs de Jérusalem. On y accédait par une entrée étroite que l'on pouvait facilement sceller par une grosse pierre ronde. Il fallait protéger les cadavres contre les chiens et autres animaux errant à l'extérieur des villes et des villages. A l'intérieur, le tombeau était suffisamment haut pour permettre la station debout. Les corps étaient déposés sur des banquettes taillées dans le roc, le long des parois latérales. Là, ils faisaient l'objet des derniers soins, avant d'être placés dans des niches creusées dans le roc. Dans les environs de Jérusalem, les ossements des morts étaient ensuite fréquemment rassemblés dans des coffrets en pierre ou en bois (ossuaires) où ils occupaient moins de place.

Chapitre 12

12.1
Au temps de l'AT, Joppé était un port important. Le bois de construction dont Salomon avait besoin pour le temple y était acheminé en provenance du Liban, et Jonas s'embarqua à Joppé pour fuir Ninive. Césarée, la nouvelle ville portuaire bâtie par Hérode, un peu plus au Nord, détourna à son profit une grande partie de l'activité commerciale de Joppé. Au Moyen-Âge, elle redevint le port principal, jusqu'au moment où Tel-Aviv, qui n'était au début que sa banlieue Nord, l'éclipsa.

12.2
Tout l'empire romain porte les traces d'un ambitieux programme de construction de routes du IIe siècle. Ce tronçon de route à l'Ouest d'Alep illustre bien l'effort consenti pour améliorer les communications et permettre à l'armée de se déplacer plus rapidement. Les blocs de pierre, dont certains mesuraient plus de 2 m de long comportaient initialement des rainures pour empêcher les chevaux de glisser. Les routes n'étaient pas toujours pavées ; parfois elles étaient simplement nivelées et pourvues d'un système d'évacuation des eaux.

12.3
La « Rue Droite » était une rue principale qui traversait la ville romaine de Damas quadrillée à l'image de nombreuses cités grecques. Elle existe encore dans la vieille ville. À l'une de ses extrémités subsiste la porte romaine qui donnait accès à la ville ; deux de ses trois arches sont encore intactes, mais elles portent les traces de nombreux travaux de réparation. L'arche centrale enjambe une route de 6 m de large. C'est l'une des deux arches latérales qui est montrée ici.

12.4
Tarse était un port important sur le Cydnos, à 16 km de la côte. Capitale provinciale sous les Perses, Tarse obtint, de la part des rois grecs qui gouvernaient la Syrie, une certaine indépendance au IIe siècle av. J.-C. La ville attira de nombreux immigrants venus de partout et connut l'essor d'une ville culturelle. Le tuteur de l'empereur Auguste était natif de Tarse. D'autres savants, notamment des philosophes stoïciens y enseignèrent. Un bon nombre de Juifs s'y étaient établis, et avaient contribué à l'indépendance en aidant sans doute le général romain Pompée à pacifier la région lorsqu'elle passa sous tutelle romaine en 65 av. J.-C. On pense que c'est peut-être à cette époque que la famille de Paul reçut la citoyenneté romaine dont Paul était fier (Ac 22:25-29). Tarse était une ville à laquelle on pouvait également être fier d'appartenir (Ac 22:3). Les connaissances étendues que possédait Paul de la culture grecque, en plus de son éducation profondément juive, s'expliquent aisément par le caractère cosmopolite et tolérant de sa ville natale.

12.5
Antioche, sur l'Oronte, fut promue au rang de capitale du royaume grec de Syrie après la division de l'empire d'Alexandre. Elle devint une très grande ville, un centre commercial et culturel, avec de somptueux édifices. Mais elle était aussi un lieu d'immoralité notoire à cause du culte d'Apollon et de Daphné, que même les Romains jugeaient licencieux. De nombreux Juifs habitaient Antioche, encouragés à y venir comme citoyens à part entière dès le début. Ils constituèrent sans doute le noyau de la future église. Bien que 3e grande ville de l'empire romain, elle déclina avec l'ensablement de son port Séleucie et le séisme de 526 qui détruisit les principaux édifices de la ville. Il ne reste que peu de vestiges de la ville gréco-romaine, à l'exception de mosaïques exposées dans les musées.

12.6, 7
Chypre devint une province romaine, d'abord rattachée à la Cilicie (Turquie méridionale) puis indépendante en 27 av. J.-C. avec son propre gouverneur qui avait le titre de proconsul. Dans toutes les villes, les temples et les marchés étaient de style romain. Salamine, à la pointe Est de l'île fut de tout temps une ville importante, car elle commandait le passage vers les côtes syriennes. C'est cependant Paphos, à la pointe Ouest qui fut désignée comme capitale, du temps des Romains (Ac :13:6). Plus tard, le gouvernement s'établit à Salamine.

12.8, 10
Perge était un port important de la côte Sud de la Turquie, sur la rivière Kestros, à 12 km de son embouchure. Elle commandait l'accès aux collines de Pisidie et au plateau de l'Anatolie. L'endroit était prospère ; on y trouvait des aqueducs et l'un des plus vastes théâtres grecs avec 12 000 places assises (photo), ainsi qu'un temple renommé, en l'honneur de la déesse Artémis. Peu à peu Perge fut supplantée par son port Attalia, devenue la moderne Antalya (nº 10), laquelle fut fondée par Attalos II, roi de Pergame et léguée à Rome par Attalos III en 133 av. J.-C. Subsistent encore les murs de la ville, la porte construite par Adrien et donnant accès à Perge, ainsi que des tours qui protégeaient le port.

12.9
255 km de routes à travers les montagnes infestées de brigands, et une dénivellation de 1 000 m séparaient Attalia d'Antioche. Antioche de Pisidie appartenait à la province romaine de Galatie. Des immigrants grecs et juifs s'y mêlaient à la population phrygienne locale. Les fouilles effectuées près de la ville moderne de Yalvaç ont mis au jour des vestiges de la cité antique. Celle-ci comprenait des portes ornementales, des jardins publics, des temples, des colonnades et des magasins. L'aqueduc au Nord de la ville amenait l'eau des collines voisines. Antioche était située au carrefour de la route qui menait d'Éphèse en Syrie, et tirait son importance de cette position.

12.12, 13
Philippes, près de l'extrémité Est de la Via Egnatia (nº 11) fut reconstruite par Philippe II de Macédoine, père d'Alexandre le Grand et appelée ainsi en son honneur. Plus tard, le futur empereur Auguste y vainquit Brutus, l'un des assassins de Jules César (42 av. J.-C.), et accorda à la ville de précieux privilèges civiques. Les Philippiens étaient fiers de leur statut et ressentirent d'autant plus âprement le tort qu'ils avaient infligé à Paul et à Silas (Ac 16:20-39). Les ruines sont celles d'un forum du second siècle, bâti sur l'emplacement de celui où se tint Paul.

12.14
Thessalonique était à 160 km de Philippes. Elle fut fondée en 315 av. J.-C. et appelée du nom de la sœur d'Alexandre. Port principal de la Macédoine, c'était aussi le carrefour des grandes routes. Sous son nouveau nom de Saloniki, elle continue de jouer un rôle important. L'Arc de Triomphe de Galère y fut érigé en 303, l'année où il persuada l'empereur Dioclétien, au nom duquel il gouvernait toute la partie orientale de l'empire, de déclencher une persécution contre les chrétiens. Constantin, qui gouvernait la partie occidentale, refusa de s'associer à cette persécution.

12.15
Après la bataille de Philippes, Auguste, qui était à Thessalonique, déclara Philippes « ville libre ». Elle n'avait pas de gouverneur romain et administrait elle-même ses affaires. La vie de la cité était régie par une assemblée de citoyens et une commission de magistrats. Ac 17:6, 8 accorde à ces hommes le titre inhabituel de « politarques ». Cette inscription, et d'autres dont une de l'an 44 ap. J.-C. prouvent que les magistrats de la ville portaient bien ce titre ce qui confirme l'exactitude du récit des Actes.
British Museum, Inscriptions 171. Longueur 2 m. 143 ap. J.-C.

12.16
L'Aréopage, lieu officiel de réunions publiques, était situé sur la colline de Mars. Il reste des traces de bancs taillés dans le roc. Au temps des Romains les rencontres publiques se tenaient généralement dans l'un des bâtiments à colonnades de l'*agora*. Siège du

« Conseil d'en-haut », l'Aréopage perdit progressivement son importance au profit d'autres instances, mais conserva son rôle de référence pour les poids et mesures, les travaux publics, les matières scolaires et religieuses. 450 ans avant le discours de Paul, Socrate y fut jugé.

12.17
Jules César rebâtit Corinthe en 46 av. J.-C., en fit une colonie romaine et mêla à sa population de nombreux affranchis romains. La grande place du marché, au centre de la photo, était bordée de magasins. Une marche d'entrée porte encore l'inscription : « Lucius le boucher ». Venant du Nord, la route pavée de Lechaion, avec des boutiques des deux côtés, conduisait à la place du marché. Le tribunal (*bema,* Ac 18:12) se trouvait au côté opposé de l'*agora.* Il en subsiste une tribune en pierre avec des marbres sculptés.

12.19
Éphèse constitue le plus vaste champ de ruines d'une ville grecque en Turquie occidentale. La rue principale conduisait du port au théâtre ; elle était bordée de colonnades de chaque côté. Les archéologues ont dégagé de nombreux monuments qui datent des années prospères du IIe siècle, entre autres la place du marché, des temples, le grand théâtre, le petit théâtre (Odéon) et une bibliothèque. Les Goths attaquèrent Éphèse en 263 ap. J.-C. et détruisirent le temple de Diane ; le port s'ensabla et la ville vit son importance décliner.

12.20
Artémis était la déesse protectrice d'Éphèse. Son temple, incendié en 356 av. J.-C., fut reconstruit et merveilleusement décoré. Ses dimensions atteignaient quatre fois celles du Parthénon d'Athènes : 128 m de long sur 73 m de large. Plus de 100 colonnes supportaient le toit ; certains tambours de colonnes sont sculptés en profondeur. Lieu de pèlerinage, le temple attirait des foules de toutes les régions alentour. Il était desservi par un grand nombre de prêtres, d'eunuques, d'acrobates et de musiciens. Chaque année, un mois entier était réservé à des festivités et à des processions en l'honneur de la déesse. Il n'est donc pas étonnant que les Éphésiens se soient glorifiés du titre reconnu à leur ville de « gardienne du temple » *(neokoros).* Ce n'est qu'en 1870 que les vestiges de ce temple ont pu être découverts, après des années de fouilles et de recherches dans une zone devenue marécageuse. Huit grands pilliers de marbre vert furent récupérés des ruines d'Éphèse pour la construction de la grande église Sainte-Sophie, bâtie par Justinien en 548 ap. J.-C. à Constantinople (Istamboul) où elles se trouvent encore.

12.21
Artémis était la déesse des animaux sauvages, de la chasse et de la lune. Elle possédait en plus les caractéristiques de l'ancienne déesse-mère et les symboles de la fertilité. On prétendait que sa statue à Éphèse était tombée du ciel. C'était peut-être une association d'idée avec la chute d'une météorite. Des statues comme celle-ci semblent souligner sa fécondité. Il est possible que la météorite, s'il en était effectivement tombée une, ait eu une forme qui faisait penser à plusieurs seins. Les adeptes de Diane (autre nom d'Artémis) la qualifiaient de « grande » d'après les inscriptions retrouvées. Les orfèvres, qui craignaient que l'évangile chrétien de Paul porte préjudice à leur industrie, fabriquaient sans doute de petites statuettes de la déesse, destinées à être emportées par les pèlerins.

12.22
Ces ruines sont peut-être celles du théâtre où Paul fut amené. Commencé sous le règne de Claude (vers 50 ap. J.-C.), il fut achevé 50 ans plus tard. Il comportait 66 rangées de sièges en pierre et possédait une acoustique telle que de n'importe quel endroit, on pouvait comprendre les paroles échangées sur la scène.

12.24
Colosses n'est plus qu'un monticule de ruines dans la campagne turque, en attente de fouilles. On devine sur le côté d'une colline peu élevée la forme d'un théâtre. Aux Ve et IVe siècles av. J.-C., la ville occupait une position stratégique sur la route qui menait en Anatolie, vers l'Est. Mais la fondation de Laodicée à une quinzaine de km à l'Ouest, en 260 av. J.-C. entraîna le déclin de Colosses (voir illustr. 43, 44). La teinture des étoffes constituait la principale industrie de la ville, et elle occupait de nombreux Juifs de l'Asie Mineure. En 60 de notre ère un violent séisme dévasta toute la région.

12.25
Ce médaillon de 5,7 cm de diamètre peut avoir été fixé autour du cou d'un esclave, sur un collier en fer. Mais on l'utilisait aussi pour les chiens. IVe siècle ap. J.-C.
British Museum nº GR1975.9-26.

12.28
Cette lettre, écrite au cours du Ier siècle, constitue un exemple typique de centaines de lettres et d'autres documents de l'époque romaine, trouvés en Égypte. Comme la plupart des villes et des villages s'échelonnaient le long du Nil, les documents écrits ont pourri dans le sol humide. Quelques agglomérations cependant s'étaient constituées en un endroit où l'eau qui provenait d'un bras du Nil finit par tarir. Dans les ruines de ces cités on a découvert des milliers de fragments de papyrus qui avaient survécu, entièrement déshydratés.
British Museum, papyrus 356.

12.30, 31
Milet était une ancienne ville grecque bâtie sur un petit promontoire. Elle comptait quatre ports. Les fouilles entreprises depuis le début du siècle ont mis au jour de nombreuses constructions qui étaient habitées lors de la visite de Paul dans cette ville. Il y avait trois places de marché, celle du Sud s'avérant la plus vaste : 164 m sur 196 m. On y a aussi découvert la salle du Conseil, les bains publics, un gymnase et un stade. Le théâtre, commencé au IVe siècle av. J.-C., subit des modifications au cours des âges. Les temples étaient élevés en l'honneur d'Apollon, d'Athéna et du dieu égyptien Sérapis. Milet est la ville natale d'Hippodamos, l'inventeur du plan en damier dans l'urbanisme grec. Il rebâtit la ville, après que les Perses l'eurent détruite au Ve siècle av. J.-C. Les Juifs de la ville jouissaient de la liberté d'observer le sabbat et de suivre leurs coutumes religieuses. L'inscription relevée sur une pierre du théâtre nous apprend qu'ici comme ailleurs, il y avait des autochtones qui sympathisaient avec les pratiques religieuses juives sans devenir pleinement Juifs. A partir du IVe siècle de notre ère, les alluvions du Méandre envahirent le port ; les ruines de la ville se trouvent à environ 8 km à l'intérieur des terres.

12.32, 33
Le domaine des ruines de Césarée est très étendu : il englobe le théâtre (voir chapitre dix, illustration 16), des entrepôts, un amphithéâtre, un aqueduc et le grand port, raison d'être de la ville. Tous ces travaux sont dûs à Hérode. Les fouilles entreprises sur la côte et sous la mer ont révélé l'existence de jetées qui formaient le port. La jetée méridionale était courbe et mesurait 600 m de long, celle du Nord, 250 m. Ces grands travaux ont souffert du tremblement de terre survenu en 130, et une partie du port fut obstruée. Des travaux récents ont mis au jour des sols en mosaïque dans un bâtiment qui pourrait avoir été le palais d'Hérode et des gouverneurs romains qui lui succédèrent, notamment Félix.
Le nom de Félix était très répandu (il signifie « heureux »). Cette pierre tombale ne fut pas érigée pour le gouverneur de la Palestine, mais pour un soldat romain, vers l'an 200 ap. J.-C. Félix fut un gouverneur particulièrement médiocre (52-59 ap. J.-C.), cupide et peu soucieux de justice. Ses abus le firent rappeler à Rome où il fut accusé par les Juifs, mais grâce à l'influence que son frère Pallas exerçait sur l'empereur, il fut acquitté.

12.36
La Via Appia conduisait de Rome à Capoue. Elle fut

l'œuvre d'Appius Claudius Caecus en 312 av. J.-C. C'est probablement lui qui fit construire les relais pour les voyageurs. La 43e borne romaine au départ de Rome correspondait à 64 km environ. C'était la distance d'une bonne journée de marche. L'endroit avait mauvaise réputation à cause de ses eaux stagnantes, de ses insectes et de ses aubergistes cupides. Paul fut sans doute heureux d'y rencontrer des amis (Ac 28:15). Un autre groupe de chrétiens l'attendait aux Trois Tavernes, à une distance de 33 milles de Rome (48 km).

12.37
Néron naquit en 37 ap. J.-C. Il était le fils d'un noble romain et de l'arrière-petite-fille d'Auguste. Il devint empereur parce que sa mère Agrippine, veuve, épousa ensuite Claude auquel elle fit adopter Néron comme fils. Agrippine empoisonna Claude en 54 et Néron fut proclamé empereur. Durant les cinq premières années de son règne, il gouverna sous la bonne influence de son tuteur Sénèque et de Burrus, le capitaine de la garde prétorienne. Mais en 58 il tomba sous l'influence de Poppée. Dans son immense besoin d'argent, il confisqua des fortunes et dévalua la monnaie. En juillet 64, un gigantesque incendie ravagea plus de la moitié de la capitale. Plusieurs accusaient Néron d'avoir lui-même provoqué cet incendie. Pour détourner les soupçons, il trouva des boucs émissaires commodes : les chrétiens qui, disait-on, offensaient les dieux par leurs croyances. Ce n'était que le début des persécutions qui marquèrent si profondément l'histoire chrétienne des trois premiers siècles. Néron dut faire face à plusieurs conjurations, il fut abandonné par la garde prétorienne et se suicida en juin 68.

12.39
Par sa prospérité et ses constructions de renom, Smyrne était devenue « l'ornement de l'Asie ». Aujourd'hui il ne reste qu'un port enfoui, près de l'actuelle Izmir. Ces colonnes sont les seuls vestiges visibles de la place du marché reconstruite après le tremblement de terre qui dévasta la ville en 178. Smyrne fut la première ville d'Asie Mineure à élever un autel pour le culte de Rome et devint plus tard un centre actif du culte en l'honneur de l'empereur, culte auquel s'opposait clairement le christianisme.

12.40, 41
Pergame fut longtemps la capitale d'une lignée de rois, après le morcellement de l'empire d'Alexandre. Attalos III légua son royaume à Rome lorsqu'il mourut en 133 av. J.-C. Les fouilles entreprises depuis 1878 ont dégagé de nombreux édifices importants, dont la plupart datent du premier et du second siècles. Trois d'entre eux méritent une mention spéciale. Le plus célèbre est l'autel monumental de Zeus dont le grand mur enveloppant était entouré d'une frise sculptée de 136 m de long. Considéré comme une des pièces maîtresses de l'art grec, ce fragment est l'une des richesses du Musée de Berlin. Certains ont vu dans cet autel le « trône de Satan » d'Ap 2:13. La bibliothèque constitue le second monument important. D'anciennes sources affirment qu'elle contenait 200 000 rouleaux au Ier siècle av. J.-C. On a dégagé une grande salle qui pouvait être un salon de lecture. Les trous pratiqués dans les murs indiquent où étaient fixés les rayonnages. Quand le papyrus vint à manquer au roi Eumenes II (197-159 av. J.-C.), celui-ci le remplaça par des peaux de moutons et des peaux de chèvres spécialement traitées. On nomma ce matériau *pergamentum,* qui a donné le mot français parchemin. Pergame était aussi la deuxième ville grecque pour les cures médicales. Le sanctuaire d'Esculape était situé près des sources et d'un centre de bains de boue. Dans ce temple venaient dormir les malades qui espéraient que le dieu leur apparaîtrait en rêve et qu'il viendrait les guérir. Au second siècle, un couloir reliait le dispensaire aux piscines.

12.42
Sardes, la ville du riche Crésus, fut détruite par un tremblement de terre en 17 ap. J.-C. et reconstruite avec les fonds du trésor impérial romain. Le temple d'Artémis (voir 12.21) était sa fierté. Crésus l'avait fait construire au VIe siècle av. J.-C. Mais la révolte des Grecs contre les Perses en 498 av. J.-C. avait entraîné de désastreuses conséquences pour ce temple. Il fut reconstruit sur ordre d'Alexandre le Grand, et épargné par les éboulements liés au séisme. Les fouilles ont exhumé les restes d'une splendide synagogue qui a été partiellement restaurée. Elle date des IIIe et IVe siècles ap. J.-C. Bien que située sur l'emplacement d'autres monuments, une inscription prouve qu'il y avait déjà une synagogue dans la ville, au Ier siècle av. J.-C. et d'après Abdias 20, il existait une communauté juive à Sardes (Sepharad biblique) dès le VIe siècle av. J.-C.

12.43, 44
Laodicée, qui finit par éclipser Colosses (voir 12.24) produisait une laine noire lustrée, commandait un carrefour routier stratégique et abritait un important centre bancaire au Ier siècle av. J.-C. Comme Sardes, elle fut endommagée par le séisme de l'an 17 et reçut des subsides de Rome pour sa reconstruction. Les restes de bains publics (illustr. 12.43), deux théâtres, un gymnase, un stade et deux grandes portes témoignent de l'opulence passée de Laodicée. Esculape, le dieu de la médecine y était adoré ; il se peut aussi que des médecins aient mis au point un médicament pour les yeux (voir Ap 3:18).

12.46
Ce fragment de page de 9 cm sur 6,2 cm contient les paroles de Jn 18:31-33 sur le recto (montré sur cette photo) et Jn 18:37-38 sur le verso. On a déterminé son âge en comparant sa forme d'écriture à celle d'autres manuscrits datés. Une demi-douzaine d'autres copies fragmentaires de livres chrétiens qui datent du IIe siècle identiques à celui-ci attestent l'expansion du christianisme et des livres chrétiens dans la vallée du Nil. Il est intéressant de faire remarquer aussi que les chrétiens ont très tôt préféré la forme du livre avec pages (codex) aux traditionnels rouleaux que les Grecs ont pourtant continué à utiliser dans leur littérature. Le livre s'avère d'usage plus commode et facilite la recherche d'une référence ; de plus il prend moins de place. Les copistes chrétiens s'efforçaient ainsi de mettre la bonne nouvelle de l'évangile à la portée de tous.

INDEX